紅杉林的最後一堂課

最後一堂課

朱宏斌、吳樂天◎編著

（原書名：全世界都在做的九堂冒險課）

序言

　　相信在這個世界上，沒有人會懷疑矽谷的尊貴，除了一系列的高科技巨頭之外，矽谷人的生活水準也是令人乍舌的：這裡有美國最富有的城市，價值最高的豪宅，最偉大的風險投資商，最好的大學，最美的風景，最成功的企業家……

　　可是另一方面，這裡的人們似乎個個都很悠閒，漫步在矽谷的馬路上，你很少看見像香港街頭那種神色匆匆的身影，校園裡更是日日昇平——似乎所有人都在過著閒適、安逸，卻又極為高效的生活。

　　在矽谷的那段時間裡，我領悟到了一個道理：成功原本是不必以犧牲生活為代價的。

　　你可以做自己喜歡做的事；

　　跟自己喜歡的人在一起；

　　讓自己的生活多一份閒適；

　　讓自己呼吸新鮮宜人的空氣；

　　像玩遊戲一樣投入工作；

　　……

同時取得比那些拼命工作的人還要大的成就。

這就是矽谷教我的一切。

我所在的大學是矽谷中心的一所貴族學校，這所學校有一個傳統：每年畢業之前，學生們都會到一個美麗的地方去上大學裡最重要的一課——紅杉林中的最後一課。

沒有課本。教材就是太平洋東岸的那片紅杉林。

兩天時間。九個遊戲。受益一生。

這是能讓人回味一生的兩天：

我們搭建了這個世界上最有趣的獨木橋；

我們走過了最古怪的地雷陣；

我們完成了人生中最難以啓齒的障礙賽；

我們經歷了迄今為止最丟臉的划艇賽；

我們度過了一個讓所有人捧腹的營火晚會；

我們用最搞笑的方式飛躍了數十公尺的山澗；

我們蒙著眼睛在崎嶇的山間小路行走；

我們從40公尺的高空飛奔而下；

我們還玩了一次這個世界上最驚險的鞦韆；

……

相信每個人都會有過這樣的經歷：不經意間的一句話、一件事、一本書，或一段經歷……會徹底改變你的一生，讓你對生活的觀點發生根本性的改變。

許多人把這種經歷稱為「生命中的轉捩點」。

我在紅杉林中的經歷就是如此。

希望你也是。

目錄

人物表

老麥

學校的副校長，成功的教育家、企業家，紅杉林活動的策劃兼主持人。

鬍子賓

長相酷似賓‧拉登，著名的野外探險家，具有豐厚的野外生活知識，是老麥團隊不可或缺的一份子。

亨利

被稱為「布萊德‧彼特」，長相英俊，成為眾多女生青睞的對象，他具有多年舉辦類似活動的經驗，是老麥團隊的重要成員。

大嗓

中國留學生，嗓門大，愛出風頭，經常跟老鼠妹妹相互譏諷，並以此為樂。

老鼠妹妹

中國留學生，為人聰穎，機敏過人，平日喜歡對大嗓發動口頭攻擊。

白兔姐姐

中國留學生，喜歡與人為善，說話慢條斯理，思維縝密，極富條理性。

我

中國留學生，為人忠厚，樂觀機敏，善於觀察，愛交朋友。

紅杉林介紹

紅杉又叫美洲杉、樹幹呈玫瑰般的深紅色，長得異常高大，成熟的高度達60~100公尺。紅杉的壽命也特別長，有不少已有2000~3000年的高齡，甚至有  生長了5000年之久的古木。紅杉成材後，最上端的30公尺枝繁葉茂，像撐開的巨大的傘，而30公尺以下沒有旁枝。

世界上最大的紅杉林位於美國西部加利福尼亞州西北太平洋沿岸的紅杉樹國家公園，該公園南起大蘇爾，北至俄勒岡州界以北不遠的地方，面積429.3平方公里。

該公園內紅杉樹的數量不僅最多，而且歷史也最為長久，林中有高達329英尺的「紅杉之母」，還有2000歲的「紅杉之父」。哥倫布發現新大陸時，紅杉林中的許多樹還只是幼苗，現在已經長成了讓人驚異的巨杉。

紅杉林中有三棵紅杉稱得上是世界之最，其中最高的一棵是1963年美國國家地理學會發現的，當時測得的高度為112公尺多，是有記載以來地球上最高的樹木。

紅杉的樹幹或樹枝上長著許多半球狀的樹瘤，這些樹瘤的真正價值不在於可用來製作工藝品氫或木碗、木盤等，而是它們能

夠延續紅杉的生命，如果紅杉被風吹折斷、被火燒死或被砍掉，便會由樹瘤組織發育出上百棵幼苗，並由樹的根系供給營養。過不了多久，亭亭玉立的小紅杉就會環繞這棵「父母樹」形成一個圓圈。

紅杉的命運一直坎坷不幸。從19世紀中葉開始，人類對紅杉的砍伐一直沒有停止。尤其進入20世紀以來，大型拖吊車和電鋸發揮其伐木威力，紅杉林被大面積毀壞。20世紀60年代，美國國家地理學會勘察發現8000平方公里的原始紅杉林中只有15%的紅杉未遭到砍伐。1968年，美國總統詹森簽署法令，正式設立面積為230多平方公里的紅杉國家公園。1978年3月，卡特總統簽署法令，將私人手中近200平方公里的紅杉林劃歸紅杉國家公園。與此同時，一些牧場、橡樹林及其他原始森林也被納入該國家公園。

公園內生活著70多種哺乳動物，南部有大群的馬鹿，海中常常能見到灰鯨，潮濕地帶為候鳥提供休息和覓食之地。到現在為止，有200多種鳥類在公園內出現過。

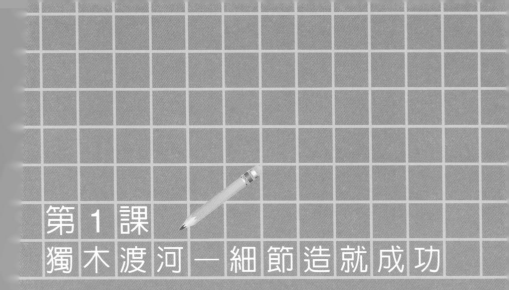

第 1 課
獨木渡河─細節造就成功

活動介紹

目標：跨越一條大約三公尺寬的小山溝

場景：障礙物為一條小河，寬約三公尺，兩岸濕滑

人數：20人

道具：一條長約20公尺，手指粗細的繩子；一根長約六公尺，碗口粗細的木頭；20雙手

要求：必須而且只能使用指定道具，所有人必須安全到達對岸，而且帶走繩子

時間：30分鐘

崎嶇的營地之路

　　往紅杉林的路上就像是在坐過山車，離開通往三藩市的主路之後，汽車開始進入「丘陵地帶」。由於受到太平洋板塊和美洲板塊的共同作用，美洲西部沿太平洋的海岸線上形成了一條狹長的丘陵帶，這條丘陵從南美的安地斯山脈一直綿延往北，途經秘魯、智利、哥倫比亞、墨西哥、美國，一直延伸到北方的加拿大。

　　我們的目的地就位於這條丘陵線上。一進入丘陵地帶，汽車就開始在低低的山路上迴旋，忽高忽低，車子轉大彎的時候，中間和後面的人就可以看見最前面的那輛車，這些丘陵的海拔雖然不高，沿途卻也讓第一次來到這裡的人感到驚險。

　　雖然遠處可見高大的樹林，道路近處卻是一片草叢和灌木，草不高，齊腰深，那一片灌木叢讓人感到意味悠長，雖然是大白天，灌木叢中卻是一片黝黑，高深莫測。有人說路過這片灌木叢的時候一定要小心，因為「很可能有員警隱藏在後面，拿著照相機拍攝那些超速的汽車」。

　　一路都是風景。車子每一次拐彎都能給我們帶來一些可看的東西。在山路中迂迴了半個小時之後，只見司機一轉車頭，一片海風向我們迎面而來，一望無際的太平洋立刻呈現在我們面前。在一段行程裡，我們的左邊是大約兩公尺高的山石，右邊則是蔚

藍的大海。

大約三個小時後，我們來到了露營地。

住宿的地方就在距離停車場大約二十公尺的地方。下車之後，老麥首先說明了男女生房間的分配和大致的活動情況。然後給了大家十分鐘時間選擇自己的床位，安置行李。

老麥的話音剛落，大家就蜂湧而進各自的房間，整個房間裡一片嘈雜，腳步聲、床板被壓的聲音、人們相互打招呼的聲音、往地上放行李的聲音……混成一片。

我選擇了男生房間中最靠近門的一個床鋪，放下行李後，我跟大嗓走出了房間，來到了集合的空地上。

十分鐘後，所有的人都放好行李來到了戶外！

活動開始了！

第一個活動地點就在露營地後面的山溝裡，從停車場往山裡走，只需要一分鐘路程。

「我們的第一個活動，」等所有人都安靜下來以後，老麥清了清嗓子，開始說道，「就在這條小水溝上展開！」

一邊說著，老麥一邊帶領大家來到山溝邊上。

了不起的小山溝

　　這是一條大約三公尺寬的山溝，水很淺，看樣子不到半公尺深。由於始終沒人打掃，山溝兩旁積滿了落葉，踩上去軟綿綿的，山溝兩側形成了一個大約三十度的斜坡，斜坡上長著幾棵拳頭粗細的小紅杉，在溝邊不起眼的地方，橫放著一根碗口粗的木頭，大約六公尺長，看得出來，這就是第一個活動的道具。

　　果然，只見老麥走到木頭旁邊，用腳踢了踢，微微笑了一下，然後說道：「好了，這就是第一個活動地點。」說完，他用手示意一下。

　　只見一個身高一八四的小伙子從他身後走了出來，身上斜挎著一綑手指頭粗細的繩子，小伙子身手敏捷，相貌英俊，帶著一頂牛仔帽，看起來一臉無所謂的樣子。

　　「我們的目標是跨越這條小溝渠，老麥給我們準備的工具只有一條繩子、那邊那根長約六公尺的木頭，還有就是大家的雙手。」布萊德一邊說著，一邊四下打量了一下，然後接著說道，「我要求大家必須用到所有的工具，必須讓所有人安全到達對岸，而且必須帶走繩子，因為這是一場團隊遊戲，所以你們不需要打敗對手，大家唯一的對手就是時間——因為我只能給你們30分鐘。」

30分鐘的腦力作戰

活動開始了！

　　就在老麥宣佈活動開始的那一瞬間，整個隊伍立刻四散開來，人群開始圍到小河邊，有的人在觀察周圍的地形，有的人用腳試探腳下泥土的軟硬度，有的人則跑到附近的小樹面前，用力搖動樹幹，有的人用棍子撥開落葉，還有的人則試圖用力抬起橫著的那根圓木，還有的人則站到後面，望著眼前的人走來走去……

很快，三分鐘過去了。大家開始聚在一起，紛紛提出自己的想法。

「可以嘗試把繩子拋到對岸，然後所有人抓著繩子盪過去，」觀察地形的那位長著大下巴的同學建議道，「我注意到對岸有棵大樹，我們可以嘗試把繩子套在那邊的樹枝上，如果順利的話，我們絕對可以在三十分鐘之內過去二十個人。」

「可是如果那樣的話，」老麥提出質疑，「那根木頭怎麼辦？別忘了，按照活動規定，你們需要用到所有的道具，木頭也是其中之一。」

大下巴低下頭去，「指揮團隊」一時陷入了沈默。

「或者我們可以嘗試用繩子把木頭的一端拉起來，」大嗓發言了，只見他一邊說著，一邊用手比劃著，有點指點江山的味道，「這樣我們就可以把木頭的一端固定在河邊的一個地方，然後用繩子拉起另一端，把木頭直立起來之後，我們可以一邊逐漸放鬆繩子，一邊瞄準位置，把木頭的另一端置於對岸的某個位置上……」

「這似乎是唯一的辦法。」周圍有人表示同意。「既用到了所有道具，又能完成任務。」

大嗓的眉毛不禁微微翹了起來，白嫩的小臉上發出興奮的紅光。

「可是地太滑，」剛才用腳試探泥土軟硬度的人表示懷疑，「我們很難把木頭的一端固定在某個地點，除非能在地上挖個洞……」

「不可能，」又有人插嘴了，「我剛才看了一下，這裡的落葉足足有半公尺厚，我們根本不可能在地上挖出洞來，除非把所有的落葉都清理乾淨……」

「要是那樣的話，」老麥大笑起來，「別說半個小時，半天工夫也不夠用啊！」

　　看到大家有些洩氣，老麥趕緊停止大笑，問道，「不過這個思路是對的，你們既能用到所有的道具，又能讓大家過河，問題是……」說到這裡，老麥停了下來，抬頭看了看周圍的同學，大聲問道，「你們還有什麼建議嗎？」

　　正在這時，坐在河邊的老鼠妹妹突然大叫起來，「有了！」她滿臉驚喜地說道，「你們看，我屁股下面有根樹樁……」

　　「對了，」她還沒說完，白兔姐姐接著說道，「我們可以把木頭的一端抵在樹樁上，那樣當我們用繩子拉起另一端的時候，木頭的這一端就不會滑了！」看得出來，這位同學為自己的發言感到驕傲，周圍人關注的目光似乎也給了鼓勵，於是興奮地接著說道，「把木頭的另一端置於對岸之後，我們可以派個人先過去，把繩子繫在對面的樹上，這樣後面的人就可以把繩子當成扶手走過去了……」

　　「好極了！」似乎這個答案得到了所有人的認同，周圍的人紛紛表示同意。

　　「只能這樣了！」有人說道。

　　「把繩子當成扶手可以保障女生們的安全！」有人開起了玩笑。

　　「萬無一失！」

 沒人想到的障礙

　　就在大家紛紛摩拳擦掌，準備採取行動的時候，只聽人群中傳來「嗤」的一聲冷笑。

　　發出聲音的是帥帥的布萊德。

　　「在行動之前，」看到大家都在瞅著自己，布拉德好像突然

意識到自己的失禮，於是急忙解釋道，「我想提醒你們一下，我參加這項活動已經有三年時間了，每次都有人想到用這種方法，不過我可以告訴你們，每次他們都失敗了。」

「所以我想讓大家想一想，」說著說著，布萊德的語氣開始平靜下來，「他們為什麼會失敗，請大家設想一下具體的情形，有哪些因素會讓你們的這個計畫失敗？」

當人群把目光轉向老麥的時候，只見老麥正滿意地對著布萊德點頭，於是人群再次安靜下來……

時間不多，只剩下二十分鐘了！

「有可能……」兩分鐘過去後，一位來自西班牙的暴牙女若有所思地說道，「如果使用的力度不能保持恰到好處的話，木頭的另一端不會置於我們預期的地點……」

「對極了！」布萊德打了個響指，然後鼓勵道。「還有呢？」

如果使用的力度不能保持恰到好處的話，木頭的另一端不會落到我們預期的地點…

「還有……」得到肯定之後，暴牙女接著說道，「我們很難保證第一個過河的人不會落到河裡，畢竟，這根木頭不是很粗，而且又很滑，而如果第一個人掉到河裡的話，我們就失敗了，所有的努力也就前功盡棄了。」

「一百分！」布萊德又打了個響指。

「那麼，」老麥接著說道，「現在的問題可以歸結為兩個，第一，如何保證木頭另一端能準確地落在我們預定的地點，第二，如何保證第一個過河的人不至於掉進河裡。」總結完之後，老麥轉過頭去，對著周圍的人說道，「我們該如何解決這兩個問題呢？」

「別忘了！」老麥提醒道，「你們只剩下十八分鐘時間了……」

人群這次不再陷入沉思，大家開始七嘴八舌地提出自己的建議……

 ## 白兔姐姐靈機一動

正在這時，白兔姐姐突然看到不遠處有一棵樣子很奇怪的紅杉樹，叫了起來：「我有辦法！」

「我們可以，」眼看時間不多，白兔姐姐也顧不得觀察周圍人的反應了，「固定一點的最好方式就是使用三角形，你們看，」一邊說著，白兔姐姐開始一邊在地上畫起圖形來。

「我們可以用繩子的中段繫住木頭，把繩子分為兩半，兩個半根作為三角形的兩條邊，把木頭的一端作為三角形的一個頂

點，這樣的話，當我們固定好三角形的邊長，也就是繩子長度，再加上另外兩個頂點的時候，我們就可以固定住三角形的第三個頂點，也就是木頭的落腳點——繩子的長度和另外兩個頂點都是固定的，所以三角形的第三個頂點肯定會分毫不差地落在我們預設的地點……」

「好極了！」老麥一邊說著，一邊對著布拉德會心地一笑，好像在說「他們終於找到答案了。」

「可是還有一個問題？」老麥接著問道，「即使成功地搭建起了木頭橋，你還是無法保證每個人都能安全過去，畢竟，木頭很滑，這座橋又沒有欄杆，而且雖然這條小河只有三公尺寬，可是從上橋到下橋有四到五公尺的長度，在這種情況下，你很難保證所有的人都能安全過河，所以你還需要想辦法把風險降低到最小……」

「是的，」白兔姐姐自信地說道，「這個問題我也想到了，所以……」

「所以妳需要……」老麥提示道。

「一道欄杆，或者說是扶手！」白兔姐姐對老麥的好意表示感激，「這正是我下面要說的……」

一邊說著，白兔姐姐一邊又開始在地上比畫起來。

「把木頭的另一端落定到對岸之後，」白兔姐姐說道，「我們就可以把這條三角形的兩條邊拴到河這邊的兩樹上，只要高度足夠，我們就可以為這座木橋搭建起兩道『斜拉繩』，足以成為兩道欄杆，這樣就可以保證過橋者的安全了……」

白兔姐姐還沒說完，布萊德就開始表示贊同：「妳不可能絕對保證所有人的安全，但我們總是可以在開始行動之前竭盡全力做出最好的準備，問題是……」布萊德停頓了一下，然後一臉壞笑地說道，「你們現在的時間不到十五分鐘了，扣除二十個人過

橋需要的時間，這也就是說⋯⋯

　　說到這裡，布萊德的目光在所有人的臉上掃了一下，然後不疾不徐地說道，「你們需要在五分鐘之內搭好這座橋！」

最後的衝刺

要抓緊時間了！

一旦方案確定之後，搭橋並不是一件困難的事情。老麥和鬍子賓站在一旁，好像在商量著什麼，布萊德在一邊觀察整個工作的進展。其他的人自動分為兩組，準備拉繩子，幾位男生把木頭抬到了樹樁旁邊……

「等一等……」布萊德突然說道，「時間不多了，所以我想提醒大家注意，我身上的繩子被繞成了圈，由於繩子很長，所以當大家把繩子拉直的時候，一定要注意，否則整條繩子很可能會打結，那樣你們將不得不花時間解開繩結，這項工作並不會妨礙你們過河，但卻會耽誤你們的時間……」

「是的，」白兔姐姐說道，「我記得以前參加過夏令營，我想我知道該怎麼處理繩子……」

五分鐘後，一座小橋搭成了！

然後人群排成了一條長龍，兩位同學站在木橋的這一端，把每一位同學扶上木橋；老麥、鬍子賓站在一旁計算著時間；布拉德在旁邊觀察，留心同學過橋時的安全。

由於時間不多了，所以大家也都沒有發出任何聲音，整個過

程進行得非常有序！

　　當整個活動進行到大約二十九分鐘的時候，所有人都來到了河的對岸……

　　任務完成了！

 ## 老麥的總結

　　「棒極了！」最後老麥也沿著木橋來到了河的對岸，坐在岸邊的一個斷木上，然後他轉過身來，對著人群說道。

　　「相信很多人都意識到了，我們的時間很緊湊，之所以出現這種情況，原因在於我們在提出方案之前沒有對細節進行足夠的分析……」

　　看到有些人滿臉驚訝的樣子，老麥微微笑了一下，接著說道，「想想看，第一個提出方案的人建議大家用繩子盪過小河，可是他忘記了我們要用到所有的道具，而且他沒有想到女生們可能會因此承受較大的風險；有人注意到了要用到所有道具，卻沒想到如何固定木頭的另一端；有人想到了要用木頭作為扶手，卻沒有想到角度問題；還有人想到了所有這些細節，卻還是有可能在最後時刻因為繩子打結而耽誤了時間……」

　　看到大家臉上的表情由驚訝轉為佩服，老麥滿意地笑了笑，

接著說道：「每一個細節都會影響到整個活動的成敗！」

「比如說最後一個問題——繩子打結，在解決了前面所有的問題之後，相信大多數人都會鬆了一口氣，可是事實上，如果不是白兔姐姐在夏令營的經驗教會她如何處理繩子的話，你們的時間肯定會超時，整個活動還是會歸於失敗--而且我可以肯定地告訴你們，你們之前的很多團隊都曾經在這個環節上出了問題，最終導致失敗……」

「對於這個活動，不同的人可以得到不同的感悟，有的人可能會從中學到團隊建設、溝通、如何培養領導能力等方面的知識，可是對於我們所有人來說，這個活動給我們帶來的最大啓示就是：關注細節！」

100-1=0

關注細節所需要的不僅僅是一顆細膩的心，它還需要一種堅持的態度。

還記得上次來我們班上講課的那位老先生嗎？就是我的好朋友韋恩‧戴爾博士。他可是一位了不起的人，我之所以這麼說，不僅僅是因為他在寫作、管理、主持、演講等幾個領域都是非常有名望的人，我所讚揚的是他對於細節的關注和堅持。

早在22年前，他就給自己立下了一條規矩：每天至少跑4公

里。22年來，他始終如一地堅守著這條承諾，從來沒有因爲任何原因而間斷過！

無論是在寒冬還是在酷暑，無論是在紐約的大街上或在自家的花園裡，還是在飯店的走廊裡──甚至在國際航班的跑道上──只要一有時間，他就會讓自己跑完4公里，22年來從沒間斷過！

告訴大家一個秘訣：無論做什麼事，都一定要做到100分，千萬不要滿足做99分！

如果你告訴自己每天要讀一小時書，那就一分鐘也不能少；如果你決心每個星期要練7次鋼琴，那就一天也不能間斷；如果你決定每天要背20個單字，那就一個也不能少；如果你告誡自己每天要練習仰臥起坐100次，那就千萬不要找任何理由給自己打折扣……

在學校的時候，一次的鬆懈可能只會給你減少幾分，可是進了社會之後，一點點的失誤就可能毀了你的一生，想想看，下面這些事是否我們每天都會經歷：

● 供應飲用水

● 航班登陸

● 處理信件

● 診治病人

● 開支票

● 心臟跳動

……

再問自己一個問題，如果在做上面這些事情的過程中，出現0.1%的失誤會導致怎樣的結果？

答案如下：

● 如果每個月有一次疏忽，供應了一次不安全的飲用水，平均就會導致12位飲水者患病！

● 如果航班登陸出現0.1%的誤差，在一家大型國際機場就會出現兩次不安全的登陸，危及數百人的生命安全！

● 如果郵局工作人員在處理信件時出現0.1%的失誤，全美國每個小時就會有16000封信件遺失！

● 如果醫生診治病人的時候出現0.1%的失誤，全美國每年就會有20000份開錯藥的藥方，每個星期會有500次不安全的手術，醫生每天平均會丟棄50個新生兒！

● 如果開支票的時候出現0.1%的失誤，每個小時就會有22000個帳戶被盜！

● 如果你的心臟工作時出現絲毫偏差，每年它就會停止跳動 32000次！

想想看，細節到底有多重要！

 # 紅杉林中的細節課

相信大家都聽說過惠普創始人大衛・帕卡德的一句名言，「小事成就大事，細節成就完美！」從某一方面來說，細節是一個長期的準備，是一種累積，是一種眼光，也是一種智慧。只有當關注細節成為一種習慣之後，我們才能牢牢地抓住每個降臨在面前的機遇。也許有的人對一些事物的細節方面總不屑一顧，覺得做大事的人應不拘小節，殊不知，我們在日常生活中，大部分時間都在做一些小事。如果沒有這些小事的累積，又如何成就大事呢？因此，我們應耐得住寂寞，把自己所做的每一件小事做好，並長期保持這種做事標準，以認眞負責的心態從點滴做起，做好每個細節。小事做細了，效率自然就提高了，那麼，距離我們收穫成功的目標也就不遠了！

沃爾瑪家族現列世界500強的首位，而羅伯森・沃爾頓先生也成為了世界首富。面對這樣一個家族，在一般人看來，既然已經那麼富有了，就不應該過於注重細節了吧！但是，即便是這樣一個創造了企業界神話的公司，在降低經營成本上也不忘從細節入手，據我所知：

● 沃爾瑪員工要喝咖啡的時候，一定要在他們旁邊的存錢筒裡放上10美分。

● 沃爾瑪的工作記錄本，都是用廢報告紙裁成的；

● 除非重要文件，其餘從來不用專用列印紙；

● 複印資料都是用廢紙的背面；

● 繁忙的時候，無論是總裁還是經理都可以分擔店員的工作。

● 山姆‧沃爾頓出差，很少自己單獨使用房間；

……

這就是沃爾瑪這個世界上最富有的公司！也正是因為它從服務到後勤管理、降低成本的每一個「細節」中所做出的努力，使它從1988年至1993年的銷售額增加了467億美元，在全球經濟不景氣的情況下，還能以良好的勢態迅速增長。

「神話是由細節造就的！」既然這麼富有的公司都要這樣注重細節，那麼身為一個剛剛畢業、渴望創業、渴望成功的大學生呢？

每位年輕人都有很強的幹勁和衝勁，這是我非常佩服的，但是很多年輕人也有一個缺點，對任何事情都不能堅持下去，很多事情都做得虎頭蛇尾。這點我不欣賞，畢業之後，每位同學都要

去工作、創業、尋求自己的夢想。如果做事情虎頭蛇尾的話，不僅會影響到你眼前的工作或事業，更可以毀掉你的聲譽。

所以，只有耐住寂寞，執著追求精細，使這種精神達到一定熟練程度後，讓它變成一種潛意識，進而建立起我們個人的「細節優勢」。使我們無論在工作還是生活中，都能用心留意每一處細節，用心一一做好。那麼，我們才能從人群中脫穎而出，真正完成自己想做的事情。

老麥的電子報

臺灣富翁的米店故事

很多人都知道，我曾經在臺灣工作過一段時間，那是一個典型的東方社會，特別講求嚴謹、細緻。

在臺灣生活的那段時間裡，我經常聽說當地流傳著一位大富翁的故事，人們說這位富翁從很小的米行生意起家，最終一步步成為臺灣最富有的人，他不僅為自己累積了巨大的財富，憑藉自己的實力贏得了當地人的尊重，他本人也成為無數東方年輕人崇拜的對象。

據說這位富翁早年因家境貧窮，讀不起書，所以只好在他16歲那年就離開自己的家鄉，前往附近一座稍大的城市去開一家米

行。他來到的這座城市規模雖然很小，卻已經有了30多家米行，所以競爭非常激烈。這位小伙子拿出了身上所有的錢，最終也只能在一條偏僻的巷子租到一個很小的店鋪，可想而知，對於他這樣一家剛開業不久，規模又很小的米行來說，根本沒有機會招攬到任何生意。

所以開業不久之後，這位小伙子只好扛著米袋挨家推銷，一天下來，整個人筋疲力盡，而且效果也不好。怎麼辦呢？小伙子決定從米的品質上著手。

在當時的臺灣，由於稻穀收割和加工的技術都很落後，所以米裡經常摻雜很多小石子之類的雜質，很多人在把米買回家之後，都要很費勁地洗好幾遍，時間一久，大家也都習慣了。

可是小伙子卻從這件事情上找到了新的思路。在他看來，要想為自己的產品打開銷路，就必須從這些小細節上著手。於是他和兩個弟弟一起動手，一點一點地將米裡面的各種雜質挑乾淨，然後再打著「精製米」的旗號出售這些米。沒過多久，他的米便成為小鎮上主婦們的首選，大家都說這小伙子的米品質好，而且不用淘洗，就這樣隨著試用「精製米」的人越來越多，小伙子的生意漸漸興盛起來。

可是小伙子並沒有因此而滿足，他開始更進一步地研究買米人的心理。經過觀察，他發現，大部分來買米的都是上了年紀的人，這些人來回搬米很不方便，於是他決定推出「送米上門」服

務，由於當時整個臺灣都沒有這種服務，所以小伙子的這個決定立刻在整個小鎮引起轟動，很快的同行們紛紛效仿，大家也都紛紛送米上門。

可沒過多久時間，他的那些同行們發現，雖然自己也送米上門，可是生意仍然跟那位小伙子相差甚遠，原來關鍵還是在於細節：別人只是把米送到顧客家門口，可是小伙子不僅會送米上門，他還會幫顧客把米倒進米缸裡，除此之外，如果發現顧客的米缸裡還有舊米，他還會把舊米倒出來，把米缸擦乾淨，把新米先放進去，然後再把舊米放到上面，這樣舊米就不會因為存放時

間過久而變質。

　　就這樣在送米的過程中，小伙子漸漸記清了顧客家裡米缸的大小，家裡有幾口人，每個人的飯量如何，每缸米大概能吃多久時間，過了一段時間之後，不用顧客上門，他就會主動把準備好的米送到顧客家裡。

　　就這樣透過關注細節，小伙子的生意越做越好，許多人紛紛找上門來買他的米，隨著資金和客戶資源的累積，不久之後他就在距離米行不遠的地方建了一座碾米廠，並從此邁上了成為臺灣首富的道路。

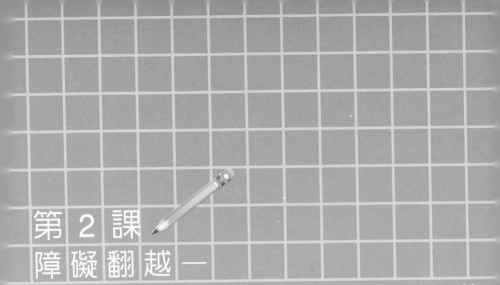

第 2 課
障礙翻越─
信仰是合作的基礎

活動介紹

目標：翻越障礙物（離地兩公尺，直徑約一英尺的圓木）

場景：寬約兩公尺的山間小路，兩旁是草叢和灌木

人數：20人

道具：無

要求：所有人必須翻越障礙物

時間：20分鐘

紅杉林的眞正主人

第二項活動的地點比我們想像得還要遠！

聽完老麥的講解之後，在鬍子賓和布萊德的帶領下，一行人沿著小河旁邊的一條小路前行。小路又濕又滑，只有一人寬，所以所有人必須排成一行，由於要準時趕到下一項活動的地方，所以大家走得很快，那種感覺很像是在急行軍。

小路的一側一公尺以下就是我們剛剛跨越的那條小河，另一側則是兩公尺左右的高坡，在我們前行的過程中，鬍子本一直在那高坡上奔跑，似乎在尋找什麼東西，又像是在觀察整個隊伍！

大約跑了一百多公尺的時候，隊伍來到了一個稍微空闊的地方，正在這時，前方突然有人叫停，人群立刻停止下來，前面的人找個稍微寬敞一些的地方站在那裡，後面的人也趕了上來，只見鬍子賓蹲在空地中間的一根樹椿上，正在地上找著什麼東西！

很快，人群以鬍子賓爲中心圍成了一個小圈子，鬍子賓在地上用一根小樹枝挖著什麼，地上一片潮濕，落葉積了厚厚的一層，一股腐葉的味道撲鼻而來。可是鬍子賓似乎渾然不覺！不一會兒，只見他直起腰來，手裡捧著一個香蕉一樣的東西，而且讓人感到奇怪的是，那東西居然會動！

「你們看……」鬍子賓把那香蕉模樣的生物舉得高高的，好

讓所有的人都看到他手裡的東西，「其實這種的東西在紅杉林裡
到處都是，不信你們注意一下自己的腳下……」順著鬍子賓指的
方向，我們發現，原來在我們的腳下趴著一些淡黃色的小動物，
牠們全身柔軟發黃，略微透亮，那樣子就像是根沒有剝皮的香
蕉。

　　「別小看這些小動物，牠們可是這紅杉林真正的主人呢！」
老麥說道。

香蕉蛞蝓的奧秘

「記得金克拉曾經說過，如果人生就像是在玩一場撲克遊戲的話，取勝的關鍵不在於你能否拿到一副好牌，而在於你怎樣把手裡的牌打好。」老麥接著說道。

「香蕉蛞蝓就是一個能把壞牌打好的高手。」

「想必這個世界上比香蕉蛞蝓更命苦的動物確實不多了，牠體型嬌小軟弱，生活在終年不見陽光、陰暗潮濕的杉樹角落裡，怡然自得。牠生性溫和，與世無爭，終日吃的是腐葉，喝的是露水，透過不斷地調整自己去適應周圍的環境，牠開始漸漸地與周圍的世界建立了一種和諧的關係，經過漫長而穩定的自然進化，香蕉蛞蝓已經成為這片紅杉林家族一位不可或缺的成員，正像大家看到的，這裡有很多香蕉蛞蝓，樹根下、岩洞裡、小路邊、樹幹上……到處都是，一方面透過吸收紅杉林中的雜物，一方面還可以排放出一些對紅杉林有用的黏液，除此之外，牠還早已成了紅杉林中一道引人注目的景觀。」

「許多到這裡來旅遊的人都把香蕉蛞蝓看成是一種生物進化的絕佳範例。跟大多數動物不同的是，香蕉蛞蝓在自己生活的地方並沒有什麼天敵，推動牠進化的最主要的因素就是周圍的地理環境，正像我們注意到的那樣，生活在太平洋岸邊的紅杉林孕育的是一個極其溫潤潮濕的環境，這就使得生活在其中的生物必須

具有發達的汗腺，才能夠控制好體內的水分，與周圍的環境保持平衡，而想要做到這一點，香蕉蛞蝓必須脫掉身上的那層重殼，而對於這種軟體動物來說，這會讓牠暴露在極大的危害之中——因爲脫掉重殼之後，牠基本上已經喪失了對於外界危險的抵抗能力——要想解決這個問題，牠唯一能藉助的武器就是『保護色』。」

「也正是因爲如此，香蕉蛞蝓才進化成爲今天這樣。柔軟的身體使牠可以隨意潛伏在樹林間安全的角落裡，而淡黃色的香蕉模樣又使得牠成爲林間最不引人注目的生物，這樣牠就可以在這樣的環境裡生存下去。」

「不僅如此，由於牠的長相可愛，還被評選爲加州大學聖克魯茲分校的象徵物呢！」

 ## 香蕉蛞蝓的啓示

「有些人或許覺得香蕉蛞蝓很可憐，有些人又會覺得牠很偉大，但無論如何，這隻小動物確實能夠給我們帶來一個有力的啓示，世間萬物，包括我們每個人，都很難有機會選擇自己的環境，可是每個人總有根據環境調整自己的能力，雖然不能改變環境，但我們總能調整自己以適應環境！」

「對於這裡的每個人都是如此。」老麥接著說道，「無論是

在學校，還是在工作當中，有一點是毫無疑問的，那就是我們每個人都不可能對自己所處的環境百分之百的滿意，所以我們要儘量學會調整自己，以適應周圍的環境，並最終像香蕉蛞蝓一樣學會利用周圍的環境，記住，只要用心，我們絕對可以把劣勢變為優勢，只要能做到這一點，那些看似障礙的東西最後很可能會成為我們的墊腳石！」

「說到這裡，」老麥接著補充道，「我想起了尼克森總統的那句名言，『危機就是從危險中尋找機會！』確實如此，當所有人都面臨同樣的危險時，那些善於發現機會的人總是能夠從危險中找到機遇，在別人因為危險而放棄的時候壯大自己。」

「美國漁業的發展歷史上就曾經發生過一件事。大約在20世紀70年代後半期的時候，美國佛羅里達的一個小鎮曾經遭受一場特大的颶風襲擊，由於氣象部門沒有事先預報，這次颶風給整個小鎮的漁民們帶來了一場災難，幾乎所有的漁船都遭受了不同程度的損害，那些出海航行的漁船更是很少有成功返回的。」

「一時之間，捕魚在當地人們心目中成了最危險的職業，小鎮上幾乎所有的居民都談魚色變，許多本來以捕魚為生的人也都開始紛紛低價出售自己的漁船，準備轉行。」

「就在這個時候，一位外地來的退役軍人來到了小鎮，原來他是為了繼承叔叔的遺產才來到這裡的，根據遺書上的聲明，他叔叔把自己僅有的一艘漁船留給了自己的這個姪子。當地人都覺

得這艘漁船毫無意義，可是這位軍人卻對此充滿了興趣。」

「他不僅興奮地接收了叔叔的漁船，還拿出自己的積蓄，收購了小鎮上所有準備出售的漁船，並花錢對這些漁船進行維修，還把它們粉刷一新。」

「很快，春天來了，又到了魚群們產卵的季節，大量的海魚沿著熟悉的路線回到了小鎮附近的海域，小鎮上的人都在興奮地談論著這件事情，有的人甚至考慮重新購買漁船。可是已經來不及了……結果，這位退役軍人成為這次颶風危機中的最大收益者，他不僅壟斷了小鎮上的漁業，而且還藉機成立了一家漁業公司，實現了標準化作業，等到他的公司具有規模之後，其他當地原有的居民便很難跟他競爭，只能轉而投奔到他的公司了。」

「這跟香蕉蛞蝓的道理很像，不是嗎？」老麥把話題拉回了現實，「透過改變自己的內部結構和生活習性，香蕉蛞蝓不僅成功地生存了下來，而且由於牠的天敵們因為無法適應環境而滅絕，香蕉蛞蝓反而把這片紅杉林變成了自己的樂園。」

 紅杉林中的童話世界

老麥說完後揮了揮手，向大家點頭表示感謝。於是整個隊伍又繼續往前邁進。

　　沿途經過一個有驚無險的小山洞，除了幾個好事者進入「探尋」了一番之外，其他人都緊緊跟著布萊德繼續往前走。

　　十五分鐘後，我們眼前出現了一片黝黑的樹林，紅杉林陰涼而不陰暗，所以在這片樹林裡見到這種黝黑陰暗的地方確實讓人有些吃驚，路徑漆黑，有些人甚至於要用腳試探著路往前走，還有些膽小的女生則用手抓住了男生的衣服，「是在山洞裡嗎？」還有人問道。

　　在沒人來得及回答時，我們突然進入了一片敞亮。

　　就像是在童話世界裡一樣，這是一個橢圓形的空地，空地四周圍盡是各式各樣奇形怪狀的植物，地上的青苔又厚又滑，從地面到半空，所有的地方都被一層薄薄的嫩綠籠罩著，所有的嫩綠都泛著濕氣，發出朦朧的亮光，像是透明的一樣。

　　空地邊上的灌木上也覆蓋著青苔，如果不是地上雜亂的腳印，我會真的以為這地方已經有幾千年沒有人來過了。在進入這片空地以後的五分鐘時間裡，沒有一個人講話，大家都被眼前的景象嚇呆了，有的人小心翼翼地用手撫摩樹上的青苔，有的人忙著拍照，有的人在踮起腳跟想看看灌木叢的後面是不是隱藏著洪荒時期的怪獸，還有的人仰著脖子往上面看，天上的雲彩好像是在跟我們捉迷藏，一會兒飄過來一朵，一會兒又不見了。

第二個遊戲

「大家注意了，」布萊德好像對眼前的景象視而不見，「我們的第二項活動即將開始，我來說明一下規則，你們看，我們的目標是翻越這道障礙物，就是那根離地兩公尺，直徑約一英尺的圓木頭，我要求大家在不藉助於任何工具的情況下，在20分鐘的時間裡，讓所有人都從這道圓木上翻越過去。」

「出了這片樹林就是活動地點，所以我不需要帶你們過去了，記住，時間是二十分鐘，二十分鐘後我會趕到你們這次活動的地點，然後親自監督你們完成第三項活動。好了，待會兒見！」

由於走出樹林的道路只有一條，所以雖然沒有人帶路，我們還是很快找到了需要翻越的障礙物：那是一棵橫在半空中的枯樹，由於年代久遠，枯樹裡的縫隙裡已經長出了新的樹芽，樹幹的直徑需要兩人合抱。枯樹距離地面超過兩公尺，還不是可以一躍而下的高度。

人到齊了！

翻越策劃會

我們有20雙手，我們的任務是在二十分鐘時間裡把這20雙手的主人送到障礙物的另一邊，而且要一個不剩！

怎麼辦？

由於有了上一次的經驗，整個團隊顯得從容了許多，上一次的智囊團再次紛紛出計獻策，只不過這次的規劃過程有序了很多。

毫無疑問，我們需要有幾個人主動「獻身」作為工具來幫助其他人過去。整個翻越策略也很快被制定了出來：

一共需要四個人來幫助其他的活動者完成翻越任務，兩個站在障礙的一邊，負責用雙手和肩膀把所有的活動者撐托到障礙物上面；另外兩個則站到另一邊，負責把上面的人接下來。

 ## 白兔姐姐再展神通

「慢著，我覺得可能會有些問題。首先，」白兔姐姐說道。「人手分配的問題，我們該選派哪些人負責在這邊把人撐托上去呢？」

「當然是兩個最強壯的人了……」有人似乎覺得這個問題不值得一提。

「問題是，最後兩個人顯然只能靠自己翻越障礙，」白兔姐姐提醒道，「設想一下，最後一個人該怎麼過去？顯然不會有人撐托著他爬到障礙物上，所以……」

「所以我們剛才的分配有問題！」有人回應道。

「我的建議是，」白兔姐姐接著說道，「除了這邊撐托人的人和障礙那邊把人從障礙物上接下去的人之外，我們還需要兩個人手……」

白兔姐姐還沒說完，有人插嘴道，「那這兩個人只能待在障礙物上面了，他們能發揮什麼作用呢？」

「他們的作用主要有兩點，想想看，當我們把一個人托到障礙物上的時候，這個人可能會遇到什麼問題，設想一下，有人把我們撐托到了障礙物上，然後我們需要經過怎樣的步驟才能從障礙物上下去，安全地到達對面的地上？」

直到這個時候，大家才開始意識到問題確實不像自己當初設想的那樣簡單，「我們需要轉身，並要安全地把身體放在接應的人手上……」有人試著回答道。

「對極了！」白兔姐姐興奮地說道，「而想要做到這一點，

就必須有人在障礙物上接應，接應的人主要有兩個任務，第一就是幫助攀到障礙物上的人轉身，並在這個人把腳伸給下面接應者的時候拖住他身體的上半身，這種做法可以帶給活動者最大限度的安全，還有……」

　　「還有就是，」白兔姐姐的話還沒說完，大嗓就插嘴道，「他們最後可以把這邊撐托人的兩位拉到障礙物上！」

　　「好像這是你想出來的主意！」老鼠妹妹打斷道，「大嗓

啊！我實在很佩服你！」

「呵呵，其實，」白兔姐姐會心地對著老鼠妹妹笑了笑，然後接著說道，「他們還可以幫助接應者落地⋯⋯」

「哦，對⋯⋯」大嗓好像又想起了什麼，可是一看到老鼠妹妹的眼神，就趕緊閉上了嘴巴。

「就是說，」白兔姐姐好像並不在意，繼續接著說道，「首先我們可以請這邊的夥伴把兩位『中間接應者』撐托到障礙物上，等他們站穩了之後，兩位夥伴再把兩位終端接應者撐托到障礙物上，然後由中間接應的人拉住兩位終端接應者的上半身，把他們慢慢放到地上，一旦終端接應者到位之後，整個輸送帶就算徹底完成了，等到大家都翻越障礙之後，這邊的兩位夥伴就可以抓住中間接應者的雙手，藉力爬到障礙物上，由那邊的接應者負責接應下去⋯⋯」

白兔姐姐還沒說完，老麥就遠遠地走了過來，「嘿，我說，」老麥大聲喊道，「時間可是不多了，如果已經確定好了方案的話，就趕緊行動吧⋯⋯」

「還有⋯⋯」白兔姐姐正想補充什麼，可是她看到大家已經紛紛開始行動，也就不再說什麼了。

很快的，十分鐘後，所有的人全部成功地翻越了障礙物。

爲什麼快了三分鐘

除了最後兩位爬到障礙物上的夥伴出了點有驚無險的小插曲之外，整個翻越過程進行得順利極了！

「好極了！」等所有人都翻越了障礙之後，老麥又照例把所有的人聚集到了自己的身邊，跟大家總結道：「你們比去年的團隊整整快了三分鐘，知道爲什麼嗎？」

「我們的策略比他們好！」

「我們的夥伴比他們力氣大！」

「我們比他們聰明！」

眾人七嘴八舌地說了起來。

老麥一邊聽著，一邊微笑，等所有人都說完並安靜下來之後，他才不疾不徐地說道：「或許你們說的都有道理，可是身爲一名旁觀者，我覺得你們無論是在策略和智商上都跟去年的團隊差不多，唯一的區別就是……」

說到這裡，老麥特地賣了個關子，環顧了一下周圍的人，然後滿足地接著說道：「信任！」

「別小看這個東西，」看著眾人迷惑的眼神，老麥急忙接著

說道，「走吧！時間不多了，我們還要趕往下一個活動場地，邊走邊說吧！」一邊說著，老麥戴上自己的牛仔帽，拎起拐杖，帶領大家沿著山路走了過去。

「大家想想看，在剛才的整個活動過程中，你們都抱著什麼心態，對於大部分成功翻越障礙的人來說，你們需要對三道環節的接應者表現出充分的信任！不是嗎？

 ## 三隻老鼠的故事

很久以前我曾聽說過一個小故事，今天在這裡也講給大家聽：

有三隻老鼠結伴去偷油喝，可是油缸非常深，油在缸底，牠們只能聞到油的香味，根本喝不到油，越聞越垂涎欲滴。喝不到油的痛苦讓牠們非常焦急，但焦急又解決不了問題，所以牠們就靜下心來集思廣益，終於想到了一個很棒的辦法———一個咬著另一個的尾巴，吊下缸底去喝油，牠們取得一致的共識，大家輪流喝油，有

福同享，誰也不能有自私獨享的念頭。

　　第一隻老鼠最先吊下去喝油，牠在缸底想，油就只有這麼一點點，大家輪流喝，一點都不過癮，今天算我運氣好，不如自己就痛痛快快的喝個飽。

　　第二隻老鼠是夾在中間的，牠也在想，下面的油沒有多少，萬一讓第一隻老鼠喝光了，那我豈不要喝西北風了？爲什麼我那麼辛苦的吊在中間讓第一隻老鼠獨自享受一切呢？我看還是把牠放開，乾脆自己跳下去喝個痛快。

　　第三隻老鼠則在上面想，油太少了，等牠們兩個喝飽吃足，哪裡還有我的份，倒不如趁這個時候把牠們放開，自己跳下去喝個痛快。

　　於是，第二隻老鼠狠心的放開第一隻老鼠的尾巴，第三隻也迅速的放開第二隻老鼠的尾巴，牠們爭先恐後的跳到缸底，結果渾身濕透，狼狽不堪，加上腳滑缸深，牠們再也不可能有機會逃出油缸了，淒厲的慘叫聲響徹整棟房子……

　　在理論上，這三隻老鼠也組成了自己的一個小團隊，一起合作、共同做事，然而，最終卻落得了悲慘的下場。爲什麼會這樣？原因很簡單──缺乏信任！的確，牠們表面上是在一起合作，可是彼此卻相互猜忌，最終才以失敗告終！

信任的重要性

在團隊中的信任是非常重要的：

A、它可以激發人員的積極性，加快克服艱難工作的速度。

B、降低因加強監督而帶來的附加成本。

C、可以讓大家更順暢地共用資訊。

D、有利於提高個體成員的工作滿意度，進而有助於提高個體對團隊、企業的忠誠度。

總之，團隊信任的建立有利於促進企業、團隊、個人三方的「共贏」。而這些也正是我們剛才這個遊戲的目的。只有明白了團隊人員之間信任的重要性，才能在未來的工作和事業上，更加重視團隊，最後取得屬於自己的成功。

專欄作家的苦惱

我現在告訴大家一件我朋友經歷的事情：

一天晚上，一位朋友告訴我說：「我今天遭遇了一件可笑得讓人難過的事情。」

看著他複雜的表情，我給他煮了一杯咖啡，然後坐在那裡聽他傾訴。「你知道的，我最近打算在附近租間套房，沒有辦法，我總是需要不停地換地方才能寫出東西來。所以，今天我就打電話給一家屋主，打算和他談談租屋的細節。屋主問我在哪裡工作，當我告訴他我在報社工作之後，我的朋友，你絕對猜不到會有什麼樣的結果。」

他頓了一下，扯一下衣服，然後又儘量讓自己坐舒服了。我還是默默地在他旁邊做一位忠實的聽眾。他苦笑一下，接著說道：「我的朋友，我作夢也沒有想到，對方突然在電話裡對我破口大罵，還說什麼他非常瞭解我所在的公司，說在那裡上班的人都非常富有，根本不用租屋，即便需要租屋，也不會租像他這樣便宜的房子。所以，我一定是個騙子。我聽完非常吃驚，正打算解釋的時候，對方已經把電話給掛了。」

「朋友，你是知道的，我不在乎別人罵我，還是毫無禮貌地冒犯我。也不在乎被別人知道後用來大做文章，說什麼著名的專

欄作家遭屋主謾罵什麼的。讓我感到不解和壓抑的是，爲什麼人與人之間缺乏信任的程度會如此嚴重呢？」

 ## 現代社會的缺乏信任

我這位朋友所提出的問題，也就是我現在要告訴大家的。人爲什麼會缺乏信任？

這種不信任一旦形成習慣，從個人來說，會造成很大的損失；從社會來說，會造成社會資源的浪費，進而延緩社會的發展。在那位專欄作家的故事中，表面上看來，是屋主的邏輯太可笑，其實，他就是不相信我的這位朋友在那裡上班。試想一下，如果不存在信任問題的話，那麼屋主的房子已經租給了我的朋友，那麼效率也就會提高很多，然而正是因爲這些不信任，而沒有讓這一切如期發生。

世界上的事情都是共通的，我相信除了我朋友經歷的這件事外，每天在我們的日常生活中，會遇到各式各樣的情況，都是因爲不信任而以失敗告終。這一點，大家可以根據自己的經歷思考一下。並加以設想，如果這些事情全都成功的話，會是一個什麼結果？那麼，我們就可以推算出由於不信任而導致的個人損失是多少了。

現在帶大家看一則資料：

● 因缺乏信任，全球每年的詐騙案至少有45億美元。

● 因缺乏信任，世界上平均每20秒鐘就有一起駭客事件發生。

● 因缺乏信任，美國有50%左右的人離過婚，並在持續增加中。

● 因缺乏信任，美國每年有1億美元以上福利款被人冒領。

● 因缺乏信任，美國每年約有4.5億美元的信用卡詐騙案發生。

● 因缺乏信任，美國每年因駭客所造成的經濟損失超過100億美元。

……

這還只是因缺乏信任而產生的惡果中的一小部分！

說到這裡，只見布萊德對老麥做了個手勢，老麥急忙打住了話語，「不知道大家是否還記得我們在企業管理課上講過的『如何在企業內部建立信任』，我會安排助手把這部分資料作成電子報發送給大家，你們回去的時候可以查一下信箱。好了，我們去下一個遊戲地點吧！」

老麥的電子報

怎樣才能建立和維持人與人之間的信任關係？

一、建立制度

要維持信任關係就需要建立一個好的制度，這不僅對家庭成員之間建立起的信任關係有幫助，對於陌生人之間建立信任也很適用。

英國在十九世紀向澳洲運送罪犯時，該項工作由私營船主承包。開始時英國政府按照上船時運送的罪犯人數向私營船主支付報酬，使得犯人的死亡率居高不下。海神號上的424個犯人死了158人，死亡率高達37%。這麼高的死亡率主要是因為私營船主克扣犯人食物和虐待犯人造成的。

如何解決高死亡率這個問題呢？一種做法是進行道德說教，讓私營船主良心發現，為罪犯創造更好的生活條件。另一種做法是由政府進行干預，也就是由政府以法律的形式規定最低飲食和醫療標準，並由政府派官員到船上負責監督實施這些規定。

但這兩種方法能否達到預期的效果都很難說，在暴利面前，道德說教往往失去作用；在私營船主的威逼利誘面前，官員也難免與私營船主同流合污。

英國管理當局於是決定，政府不再按照上船時運送的罪犯人數付費，而是按照下船時實際到達澳洲的罪犯人數付費。這種按照到澳洲人數付費的制度實施後，效果立竿見影。1793年，三艘船到達澳洲，這是第一次按照從船上走下的人數支付運費。在422個犯人中，只有一個人死於途中。

可見，人與人之間信任與否和信任程度的高低，其實與我們的制度選擇、制度安排有密切的關係。只有做出讓人向善的制度安排，才會使人與人的信任建立和維護起來。

二、彼此溝通

「人對人是狼」這種說法是不適用我們這個社會的，但是，毋庸置疑的是，人與人之間的不信任彌漫在我們的周圍。「信任危機」這個名詞雖有些刺眼，但卻非過甚之詞。感情需要溝通，沒有溝通就沒有互相彼此的瞭解，沒有信任就代表任何的事情都無法合作成功。

就是這樣，人都是先透過溝通然後瞭解，這樣才能建立信任。那麼，溝通時又應注意什麼呢？

1、態度要不亢不卑。誠實自信。

2、語氣、口吻要親切和藹，聲調適當。

3、談話內容裡不應出現不尊敬對方的字眼。

4、簡潔明瞭，注意時間不宜多於二分之一。

5、凝視對方，全神貫注地聽別人講完。

6、多用禮貌語和風趣語（笑料的摻和要適當，看場合與內容）。

7、多用不確定的詞語，留有迴旋餘地。

8、內容要多考慮對方是否聽得進去，少考慮自己的要求。

9、無論與什麼人溝通都應從對方的角度出發，學會換位思考。

如果每次與人溝通的時候都能注意以上這幾點，那麼它將成為你交際上無往不利的法寶，為你的事業打下一個堅實的基礎。

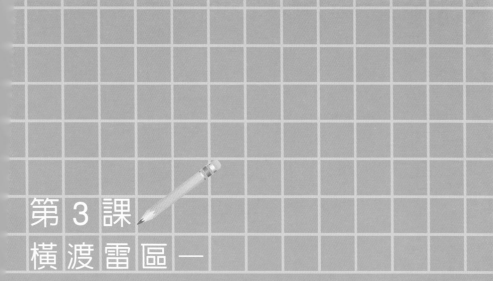

第 3 課
橫渡雷區——
成功是留給堅持到最後的人

活動介紹

目標：在盡可能短的時間裡穿越「雷區」

場景：跨越約十公尺的空地

人數：20人，分成五個小組，每組四個人

道具：兩根木棍，四片圓木墩，一根圓木

要求：被分到同一組的四個人必須踩著木棍穿越雷區，不能有一人著地，穿越雷區的過程中，四人必須捨棄木棍，站到圓木上，不得有人從圓木上滾落下去，然後用圓木附近的四片圓木墩作為跳板，穿越雷區的最後一段，在踩著木墩過雷區的過程中，不能有人腳觸地，若觸地則重來或是失格

時間：時間最短的一組獲勝

四人小分隊

邊說邊聊，不知不覺間，老麥帶我們來到第三項活動的現場！

眼前赫然又是一片開闊的空地，空地上有兩根木棍，每根木棍長約一公尺多，橫切面是大約15cm X 20cm的方形，每根木棍上面繫著四根拇指粗細的繩子，每根大約一公尺長，木棍的兩端還各繫著一條約一公尺長的繩子。

正當大家感到疑惑的時候，道帥出現了！

「這就是今天的第三項活動，也是今天的第一項比賽，跟前面兩項活動不同的是，這次你們之間需要進行對抗，也就是說，這是一場會有輸贏的比賽！」

不等大家會意過來，老麥就大聲宣佈道：「歡迎來到你們的戰場，來吧，比賽開始了！」

全部人馬被分為四個小組，每組四個人。我和A、B、C列為一組，四個人起身上馬，把腳放在木板上，繫好繩子，每個人都抬腳試了試，還算牢固……

千萬不要天真地以為這樣就可以邁步前進了，還有一個重要的問題沒有解決：如何使這個「四人小分隊」的步伐保持一致。

剛剛抬腳走了一步，隊伍就亂了起來——有的人腳抬早了，就很難再抬起來，因為木板還被另外三個人壓在腳下面；即便大家順利地一致抬起腳來，對於那些落腳比較慢的人來說，也還是有困難的，因為他（她）一旦在身體沒有做好準備的情況下就落腳，他（她）的身體就會發生傾斜，嚴重的時候還可能會跌倒在地。

所以想要使木板順利前行，整個分隊必須保持一致。

可是要怎樣才能做到這一點呢？有位文豪曾經說過，一百個人眼裡就有一百個林黛玉，這句話絕對經得起時間考驗，雖然這個小分隊只有四個人，卻足足有四個落腳點，當一根直楞楞的木板要同時應付四對腳丫子的時候，情況便瞬間變得難以收拾了！

剛邁開幾步，整個小分隊便感覺到有進行調整的必要。「我們來喊個口號吧！」有人提議。

「好，我來喊！」我自告奮勇，「聽我的……」

我的懊悔

還沒開口，我心裡便開始嘀咕：是用中文還是用英文呢？用中文，怕旁邊的老師批評；用英文，四個中國人在一起講英文的感覺也眞夠彆扭的。

就在我猶豫的一剎那，大嗓把我的領導權搶了過去，「One，」還在我繼續猶豫的時候，大嗓已經忙碌了起來，「Two，Three……」大嗓噘著嘴巴喊了起來。

「這小子的節奏感還挺好。」我不禁嘀咕了一下。

有了統一的節奏之後，整個隊伍的前進就順利多了。

很快，隊伍行進到了那根大圓木。

隨著比賽進入第二階段。全隊人馬也轉移到了大圓木上。木椿的直徑不過50公分，隨便晃一下就可能滾動起來，在那上面要站四個人，還要展開作業，難度可想而知。

敗局已定

這個環節的關鍵是平衡和合作。

人員陸續跳上圓木之後，為了保持平衡，我和大嗓站在木椿的兩端，中間站著的是老鼠妹妹和白兔姐姐。

我站在圓木上最靠近圓木墩的一端，站穩之後，我開始轉過身去，搬起圓木旁邊的一塊圓木墩，圓木墩有點重，當我用力抱起一塊木盤，轉過身來的時候，我明顯地感到腳下的圓木晃動了一下……

這可不得了了！兩位女孩頓時臉色發白，「老鼠妹妹」的眼睛都瞪成兔子眼了，好像要把我給吃了。

「天啊！還開玩笑，哥哥？」老鼠妹妹尖叫了起來。

我不敢怠慢，急忙氣沉丹田，穩住腳步，小心翼翼地把圓木墩獻給老鼠妹妹，老鼠妹妹轉手遞給白兔姐姐，白兔姐姐莞爾一笑，像是對老鼠妹妹的謹慎不屑一顧，只見她玉手輕托木盤，美目流轉，含情脈脈地把木盤遞給大嗓，大嗓神魂顛倒地接過圓木墩，轉身拋向前面的空地……

哎呀！好像是著了魔一般，大嗓手裡托著木盤，嘴巴裡一直不停地小聲嘀咕著，手裡的木盤欲罷不能，那樣子像是在競選連任。「你快點啊！」一向溫柔的白兔姐姐也有些不耐煩了。

大嗓手頭一緊，只聽「啪」地一聲，圓木墩拋到了一公尺外的地方……兩位美眉頓時嚇白了臉……她們怎麼跳上去呢？

事已至此，敗局已定！

 # 一張10美元的鈔票

等到所有人馬結束比賽之後，大家又照例圍到了老麥身邊。

只見老麥突然從口袋掏出一張10美元的鈔票，用兩根手指夾住鈔票，然後問道：「誰想要這張鈔票？」

「我想要！」

「給我！」

「一定要給我！」

「我要定了！」

……

人群中紛紛嚷嚷起來。看得出來大家想要這張鈔票的願望都很強烈。

可是老麥只是站在那裡微笑著一動也不動！

正當大家在那裡繼續叫喊的時候，坐在前排的白兔姐姐突然站起來身來，走到老麥面前，一下子從老麥的手裡奪走鈔票，然後塞到口袋裡，回到自己剛才的座位上。

可以想像，人群一片譁然，大家彷彿都為白兔姐姐的舉動嚇呆了！

「哈哈，好孩子！」只聽老麥大笑道，「做得好極了！」

看著其他人迷惑不解的表情，老麥抬頭問道，「誰能告訴我，白兔姐姐跟你們到底有什麼不同？爲什麼只有她得到了這張鈔票？」

還沒等大家回過神來，老麥又接著說道：「我敢保證，在座的各位沒有不想得到這張鈔票的，只有白兔姐姐沒有停留在想的層面上，她做了必須要做的事情，站起身來走到我面前並拿走了鈔票。就是這麼簡單，從得到10美元這件事情上來說，她取得了成功，不是嗎？」

看著其他同學臉上一副不服氣的表情，老麥點了點頭，彷彿早就預料到了這一點，只見他拍了拍手掌，示意大家安靜下來，然後他問道：「OK，我明白，你們剛才之所以沒有站起來，一定是有各式各樣的原因，現在你們能告訴我到底是什麼原因嗎？」

「我不想讓別人以爲我在貪小便宜！」

「我只是不想讓其他人笑話我罷了。」

「我以爲你只是在開玩笑。」

「我沒有想過其他人會有勇氣拿到它。」

「我想等著聽你接下來要說什麼。」

「我以爲你還會拿出一張100美元的鈔票。」

「我以為你是在考驗我們是否能經得住誘惑。」

「我正要站起來呢！」

「我前面人太多了，不方便走上去。」

「我當時正在想其他事情呢！」

……

「是的，」老麥用力揮了一下手，打斷了人群中的竊竊私語，「我知道，每個人都有自己的原因，有些是客觀原因，有些只是我們臆想的理由，而有些則純粹是我們給自己找的藉口，可是不管怎麼說，結果都是……」

「我們沒得到那張鈔票！」有人嘟囔道。

「沒錯！」聽出回答者聲音裡的牢騷，老麥不禁覺得有些好笑，「你們沒有成功實現自己的目標。說得殘酷一點，你們失敗了！」

「其實生活中的很多事情都是如此，在大多數情況下，很多人在還沒有開始的時候就已經失敗了，因為他們根本就沒有開始！」

「記住，這個世界不會因為你想了什麼，或者說了什麼而對你有所回報，它要看你做了什麼！對於沒有採取行動的人來說，你們或許有成千上萬條理由，可是結果只有一個，而想要得到相反的結果，方法也只有一個──行動！」

 卡內基的不傳之秘

許多偉大的人士都有一個共同的成功秘訣：一旦確定目標，他們就會立即採取行動，這些人都非常厭惡誇誇其談，他們只想立即行動，儘快得出結果。

鋼鐵大王卡內基生活在一個典型的愛爾蘭移民家裡，他們從小就沒有什麼遠大的理想，跟所有20世紀初期的愛爾蘭移民一樣，他們都是「目光短淺」的人，每天想的都是怎樣賺到足夠的錢來解決家人的溫飽，而卡內基一生下來就是一個十足的行動者，無論做什麼事情都是如此。

這種習慣他堅持了一生，他十幾歲就進入一家電報公司工作，當時的電報公司有個習慣，每天快下班的時候，公司經理都會向下屬交付第二天的任務，而接受完任務之後，大多數人也都會隨即停止當天的工作，把工作留到第二天完成，只有卡內基不同！只要距離下班還有時間，他就會立刻開始工作，當經理問他為什麼不把工作留到第二天的時候，他回答道：「哪怕先開個頭也好啊！」

正是由於堅持了這個習慣，在修建北太平洋鐵路的時候，一旦項專案證完成，當其他的競標者還在為是否參與該專案而猶豫不決的時候，卡內基已經開始動手了，正是這個專案讓他名垂青史。

吉姆・布萊多克的左勾拳

　　無獨有偶，他的兄弟吉姆・布萊多克也非常討厭空想。身為拳擊手的布萊多克曾經在20世紀30年代的時候紅極一時，是當時名震拳壇的鐵血戰神。可是就在他事業發展如日中天的時候，發生了兩件大事：美國經濟進入蕭條期，他的右手也因粉碎性骨折而無法繼續出拳。

　　命運一下子把布萊多克拋入底谷，最為潦倒的時候，他不得不走到碼頭上，跟其他工人一樣，排隊等著做苦工，以求溫飽

　　只不過跟其他苦工不同的是，當別人還在為他歎惋的時候，布萊多克已經在積極地準備下一次出擊了。在所有人看來，右手已經形同虛設的布萊多克根本不可能重返拳壇，可是當三年之後，布萊多克再次擊敗當時的重量級冠軍的時候，所有的人都沒有預料到他是以這種方式為自己奪回了王冠，他的左拳甚至比右拳還有勁兒！

　　「從走到碼頭的第一天起我就開始練習了！」 布萊多克對記者說道，「我每天用左手拉起200斤重的沙袋，每天要拉超過100次，不可能有拳擊手的訓練比我更嚴酷了！怨歎沒有用，我得馬上行動！」

　　俗話說：「心病還需心藥醫。」大多數人之所以患有行動障礙症，凡事遲遲不採取行動，是因為他們常常會有各式各樣的心結，在所有的心結當中，殺傷力最大的一個就是：「害怕失敗」。

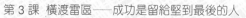

矽谷的破產率

有人說矽谷是創業家的天堂，投資者的樂園，矽谷聚集了整個美國最優秀的投資家，可是事實上呢？我敢說，矽谷的企業破產率才是世界上數一數二的。我的一位風險投資的朋友告訴我，在一般投資家每做出的10次投資決定當中，註定會有至少7家以失敗告終，「這幾乎已成定律！」這位朋友告訴我。「我是為數很少的成功率可以達到73%的投資家了。」

「你們想知道他是怎麼做到這一點的嗎？」老麥賣了個關子，從背包裡掏出了一瓶水，大口喝了起來，等到把所有人的胃口都吊起來之後，他才滿意地擦了擦嘴巴，然後說道：「他只找那些失敗很多次的人來投資！」

看著大家懷疑的眼神，老麥強調道：「是的，他只投資給失敗者！多年的投資經歷讓我的這位朋友總結出了一個經驗，如果一家公司的CEO有過200次以上的失敗經驗，則這家公司的存活率可以達到73%。因為他們已經見識過各式各樣的失敗，所以重蹈覆轍的機率也就大大降低了！」

「大多數危險都停留於我們的大腦中，」老麥說道，「在很多時候都是我們的臆想讓我們止步不前，舉個例子，請大家告訴我，在旅行的時候，你們覺得哪種方式最危險，飛機還是汽車？」

一邊說著，老麥一邊號召大家舉手示意，「嗯，看得出來，幾乎所有人都覺得飛機更危險，我相信大多數人的想法跟你們都一樣，原因很簡單，你們覺得坐在飛機上的時候感覺很無助，在你們看來，一旦飛機出現任何故障，你們就只能坐在那裡束手無策，可是如果是坐在汽車上的話，你們至少可以跳車，對吧？」

沒有人回答，不過很多人點頭表示同意。

「但這只是我們的臆想罷了，」老麥一邊說著，一邊在地上用木棍畫了起來，「你們看，根據正式的統計資料，從歷年來發生事故的次數上來說，汽車遠比飛機更加危險，事實上，在絕大多數陸上交通事故當中，很多駕車者都是因為被甩出車外而死亡的，而由於大多數人都覺得飛機的危險性比較高，所以航空公司才會更加注意對飛機的安全檢查，並採取一系列的緊急預防措施，結果呢？飛機反而更加安全！」

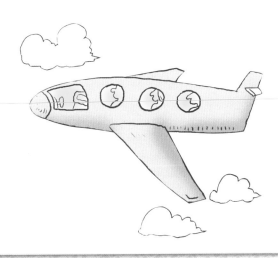

登山運動員的故事

相信很多人都聽說過一個故事：

從前有一位登山運動員，他一心一意要登上世界最高的山峰，為了實現這個理想，他不惜停止一切工作，花盡所有的積蓄，用了七年的時間來刻苦鍛鍊，並且掌握了所有的登山技能……對於他來說，只要能攀上那座世界最高的山峰，他便能獲得世界上最高貴的榮耀，所有的犧牲都是值得的！

一切準備妥當之後，運動員來到了山峰腳下！

天色已經很晚了，運動員沒有停下，反而繼續向上攀登，直到登上了距離山頂只有幾公尺的地方！

風很大，雪花像石塊一樣打在臉上，運動員一個不小心，腳一打滑，便迅速地向下跌落。運動員使盡了渾身解數，想要抓住任何東西，可是四周全是滑溜溜的冰塊，運動員根本止不住下滑的趨勢，就這樣，他很快滑到了山崖邊，然後直接從山崖上掉了下去……

這時運動員的大腦一片空白，不知道該做什麼才好，等待他的，只有死亡，正當他感覺死亡在逼近的時候，突然之間，他的身子頓了一下，停止住了下滑的趨勢─原來是繫在腰間的繩子拉

住了他！

他整個人被吊在了半空中，全部重量都掛在那根繩子上面……

這時他又是欣喜又是驚恐，情急之中，他用盡全身力氣大叫道：「上帝啊！救救我吧！」

讓人感到萬分驚訝的是，這時天上居然傳來了一個低沉的聲音：

「你要我做什麼？」

「上帝啊！救救我吧！」

「你真的會聽從我的建議嗎？」

「當然會！」

「那就割斷繫在你腰間的繩子吧！」

運動員愣了一下，摸了一下口袋裡的小刀，往下面看了一下──一片漆黑，他什麼也看不見！

……

　　第二天中午的時候，搜救隊找到了運動員的遺體，這時他已經渾身僵硬，死在半空中。

　　直到臨死的時候，他的雙手還牢牢地抓著那根繩子！

　　就在距離地面不到兩公尺的地方！

托爾斯泰的終生遺憾

一個人在生活中遇事慎重思考、反覆琢磨是十分正常的。但如果對於任何事情都反反覆覆、猶豫不決、拿不定主意時，就是一種意志薄弱的表現。由於遇事總是處於猶豫不定、矛盾、衝突的心理狀態，所以，久而久之不僅會給人一種心理壓力，而且也會影響人的身心健康和事業發展。

《戰爭與和平》的作者，列夫‧托爾斯泰是一個富足的俄羅斯貴族。在他晚年的時候，他準備把他的土地和著作版權捐給窮人和那些貧困的農奴，但是他的妻子和孩子們都反對這個提議。由於不能實現這一理想，他在痛苦和自我疑惑中度過了許多年。

克爾凱郭爾訂了婚，但是在結婚之前解除了婚約。然後又訂婚，但是很快又再次解除婚約。最後，他和那個對他感到迷惑的女人都放棄了對方，從此他也生活在無盡的後悔當中。

托爾斯泰和克爾凱郭爾都爲自己的猶豫不決付出了沉重的感情代價。

奧蘭多曾經寫過一本書，他把書裝進盒子裡送到郵局，但是他最終沒有把書寄給出版社。在隨後的兩年中，他陸續做了好幾次。他這麼做並不是擔心被退稿，而是擔心突然成名會影

響到他的婚姻和職業。他同樣對成名後要參加談話性節目的想法感到害怕。他所想像的成功帶來的一切是不切實際的幻想，但是這些幻想依然成為他郵寄書稿的障礙。

可笑的莫摩斯

當你們踏出校門之後就會面對各式各樣的抉擇。這時候，有的同學會在這些選擇面前患得患失、猶豫不決。這是不可取的，因為機遇對每個人來說都非常寶貴，如果不去把握它，就會造成損失。如果這種猶豫長期延續下去，使之形成一種慣性，將會嚴重影響到日常生活和事業。

在猶豫不決的群體中，絕大一部分人是想找到更好的辦法，或做得更加完美。其實，世界上根本沒有完美無缺的東西和事物。好比在希臘神話中有一個故事：

宙斯和普羅米修士與雅典娜創造萬物時，宙斯創造了牛，普羅米修士創造了人，雅典娜創造了房子。選舉莫摩斯來評判祂們的傑作。莫摩斯卻嫉妒祂們的創造物，便說宙斯犯了大錯，應該把牛的眼睛放在牛角上，讓牛能看見撞到什麼地方。接著，祂又說普羅米修士也做錯了，沒有把人的心掛在體外，好讓各人心裡的所有想法

都能表露出來，使壞人無法僞裝。

最後祂說雅典娜應該把房屋裝上輪子，若有壞人作鄰居，便很容易搬遷。宙斯對莫摩斯無端的誹謗十分氣憤，便把祂轟出了奧林匹斯山。

可見，連神創造的東西都被人提出了意見，何況我們這些剛剛畢業的學生呢？因此，爲了我們事業和生活的發展，在遇到任何事情的時候，不要因過於追求完美而猶豫不決。只要符合完美的主要目標，就應做出取捨決定，這樣，在生活中就可避免遇事猶豫不決的不良習慣，和減少事業上的損失。

相比之下，我所聽說過的一位伐木工人的故事卻給了我很大啓發。

有一位伐木工人在伐木時不幸被伐下的樹壓在大腿上，而且血流不止，因是單獨伐木，周圍無人救助，自己也沒帶緊急救助的醫療器具，他深知若是不將壓在大腿上的大樹移走，任憑血流不止，將會因失血過多而喪命。他也想用電鋸將壓在腿上的樹鋸斷移走，但是，怎麼都達不到目的。怎麼辦？情急之中他當機立斷，用電鋸將自己的大腿鋸斷。結果如何？大腿失去了，但是性命保住了。

的確，這位伐木工人的決策是很果斷的，如果總是遲疑不決、優柔寡斷的人，他就會想等他人來救援，或是總考慮不用麻醉鋸下自己的大腿那是多麼痛苦一件事啊……那麼，其後果將是

不堪設想的。

說到這裡，我想大家一定在想一個問題：怎樣才能讓自己變得更加果斷，能夠在事情發生的時候當機立斷，在機遇之門打開的時候不會錯過呢？

我想我還是把這個問題留在電子報裡探討吧，因為我們還要趕著進行下一個遊戲，這可是一場激烈的比賽哦！

老麥的電子報

怎樣打開機遇之門？

只要你認真觀察周圍的人，有很多人都是在關鍵時刻辦事遲疑、難以取捨、拖拖拉拉、猶豫不決，因錯過了成功的大好時機而以失敗告終。

那麼，我們要如何克服這些嚴重影響我們生活和事業的性格缺陷呢？

一・充實知識經驗

心理學的研究認為，人的決策水準與其所具有的知識經驗有很大的相關。一個人的知識經驗越豐富，其決策水準就越高；反之則越低。因此，我希望各位同學在離開學校之後，仍然不要放

棄學習，只有不斷學習，才能為我們的將來贏得更大的籌碼。

二·加強思維訓練

對事情的深思熟慮是在關鍵時刻能夠當機立斷的心理前提。在這個問題上，拿破崙曾說：「我能夠在別人猝不及防的情況下，知道自己應該說什麼話和採取什麼行動，這絕對不是冥冥之中有什麼天才對我的突然啟示，而是我的思考對我的啟示。」因此，我建議同學們在日常生活中能經常思考各種問題，以此來進行思維訓練，這也是關鍵時刻果斷把握的基礎和前提。

三·擺脫依賴心理

培養自信、自主、自強、自立的勇氣和信心，這點非常重要，如果什麼事情都要請教別人的話，那麼，你永遠做不成大事。因此，擺脫依賴心理，培養自己的獨立自主的個性，為你的未來打下堅實的基礎。

四·學會遇事冷靜

冷靜！同學們，一個在戰爭中緊張、焦慮的士兵，是永遠也打不了勝仗的。一個處於慌亂狀態的領導者，永遠也不會做出好的決策。所以，無論什麼情況下，都要盡力讓自己排除外界的干擾與暗示，冷靜下來，然後在穩定的情緒下決策所有事情。

五·拋棄完美的念頭

世界上不存在任何完美無缺的事情，因此，不要總是顧慮自己是不是什麼地方沒有考慮到。實際上，事前追求百分之百的把握，結果卻常常是一個有把握的辦法也拿不出來。記住！機不可失，時不再來，一般說來，有七分把握就應定下決心了。

六、預先制定底線

把自己要決策的事情預先制定出一個底線，然後按照底線決策，符合底線則可以通過，反之則廢除，這樣簡單又實用的方法，相信會給每位同學一些必要的幫助和減少後悔和失敗的機率。

第 4 課
激流競舟—雙贏與雙輸之間

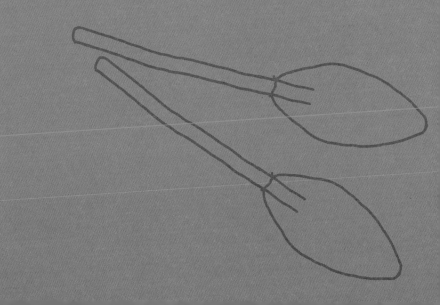

活動介紹

目標：在最短的時間裡用划艇將所有團隊成員運送到對岸

場景：一片直徑約500公尺的圓形水域，對岸是一片灌木叢，水面佈滿青苔和各種浮游植物

人數：20人，分為五組，每組4名

道具：每組各有一艘皮划艇，各有四對船槳，四件救生衣

要求：在最短的時間裡安全地將所有成員運送到水域對岸，並沿著水域周圍的山路跑步回到出發地點

時間：不限，在最短的時間裡完成活動的一組獲勝

一場丟臉的划艇賽

承接上回。所有人馬穿越雷區——無論成功與否——之後，老麥開始帶領隊伍向下一個比賽地點移動。

四十多人的隊伍在林間的小路上一氣蜿蜒，穿過一片小樹林之後，隊伍又翻過了一個不高的山坡，眼前一片豁然。

「哇哦！」大嗓叫了起來，「太平洋……」

正式的抒情還沒開始，老鼠妹妹就在後面推了一把，「大嗓，又要叫喪了？」

「拜託！」大嗓不屑地動了動鼻子，「妳又沒死，我叫什麼喪啊？」

「你們看老麥……」我指著前面說道，此時走在隊伍最前面的老麥轉過身來，他背後夕陽正在西下，霞光豔紅，把老麥映得鶴髮童顏，簡直飄飄欲仙，讓人不禁心嚮往之。

暫且不表，下了山坡之後，又轉了幾個小彎，隊伍便停了下來，呈現在眼前的是一片遠稱不上「浩瀚」的水面，在靠近我們的這一端，有一個小碼頭，碼頭上停著幾艘小划艇，每艘划艇上有三支船槳。

「好了，」老麥揮了揮手，「這就是我們的戰場！」

「我來宣佈一下規則，」老麥一邊說著，一邊走到了隊伍前面。「看見沒有，你們的目標就是池塘對岸的那片蘆葦叢，時間最短的小組獲勝，還是沿用前面的分組，四個人一組，比賽沒有時間限制，如果準備好了的話，比賽隨時可以開始！」

說完之後，老麥閃到了一旁，找了個樹椿子坐了下來。

比賽開始了！

由於划艇只有三艘，所以比賽要分兩場進行。

　　首先是分組，仍舊是四人一組，不幸地是，我和老鼠妹妹、大嗓、白兔姐姐再次歸到了一組。

　　分到第一組的隊員們先跳上了划艇，個個摩拳擦掌，火藥味再次變得十足。只聽「啪」的一聲，有人拍了拍手掌，算是比賽開始的信號吧！

　　只見亂槳齊發，頓時出現了三艇爭流的局面。

　　還好，整個比賽的過程還算平順，大家平時課堂上的慵懶一掃而空，各自努力，你追我趕，各組把「更快、更高、更強」的奧運精神發揮得淋漓盡致，很快就衝到了對岸的蘆葦叢中。

張柏芝事件

　　啊呀！正當岸邊眾人看得津津有味的時候，突然有人大叫起來，循聲望去，只見最先抵達對岸的兩艘划艇儼然已處於嚴重的對峙。

　　A艇上的大個子一邊揮舞著左手，指揮其他三位用力往前划，一邊用右手指著敵方後退，嘴裡還在哇啦哇啦地叫著，據後來一位聽力比較好的同學回憶，當時大個子好像是在跟對方叫罵，「快往後退！否則誰都過不去，只能卡死在這。」

　　B艇上那位長相酷似「張柏芝」的日本丫頭也不甘示弱，氣

勢上絲毫不輸於對方，「卡死就卡死，誰怕誰啊！」

一時間，唯一的水上通道被堵死了，後到的那艘划艇急得團團轉，就是擠不進去。

不遠處，老麥雙目微閉，若有所思，好像對眼前的景象已經習以為常。

眼看爭執已經解決不了問題，雙方開始動粗了。只見「張柏芝」從一名隊員手裡奪過船槳，向大個子砸了過去。

大個子不慌不忙，左手依然打著暗號，右手輕輕一縮，「張柏芝」一下子撲了個空，身子不禁往前傾斜，只聽一聲「啊呀」之後便是一陣清脆的落水聲⋯⋯

岸上一陣譁然，等再次聽到「張柏芝」聲音的時候，那已經是她浮出水面之後的聲音了。

此時老麥只好站起身來，宣佈取消這兩組的比賽資格！

老麥的遺憾

所有小組的比賽結束之後，老麥表達了對於「張柏芝事件」的遺憾。

「靠小伎倆取勝只是一種在短期內有利可圖的行為，其本質就像是殺雞取蛋，短期或許會有所收益，但從長遠的角度來看，這種做法只會破壞遊戲規則，使得你自身所處的形勢陷入一種無序的狀態，分散競爭者的努力方向！」

好像是為了讓大家更容易明白這個道理，老麥又進一步解釋道：「就拿剛才的比賽來說吧！第三隊和第四隊之間的那場摩擦就是最好的例子。」

老麥一邊說著，一邊掃了一眼第三隊和第四隊的同學。「我們可以試想一下，如果大家只是集中精力把小艇划過湖面的話，那樣的結果將會怎樣？」

「毫無疑問，每個人都會竭盡全力地加快速度，而不再考慮其他事情，大家的目標都很明確，儘快到達對岸，贏得比賽……」說到這裡，老麥清了清喉嚨，然後接著說道，「可是在競爭的過程中，由於出現了一些小插曲，所以整個遊戲的規則發生了細微的變化，結果呢？」

正在這個時候，老鼠妹妹舉手示意道：「對不起，可以解釋

一下您所謂的規則變化到底是什麼意思嗎？」

「呵呵，問得好，我也正要談到這一點呢！」老麥顯然覺得這個問題提得很好，「當幾艘小艇同時到達狹窄的水道的時候，我們遇到了新的情況──有些對手試圖破壞我們的前進方向，還有人甚至會想辦法讓我們翻船，這時規則就有所變化了。」

「不是嗎？」老麥反問了一句，「在進入狹窄水道之前，我們所考慮的只是儘快往前划，而到了那片水道之後，我們考慮的因素就增加了很多，比如說我們要考慮保持方向，要考慮躲避對手，而且更加重要的是，對於有些競爭者來說，他們還要考慮如何把競爭對手排擠在水道之外，甚至是把對手擠落水中……」

「形勢的變化使得遊戲的規則不再單純，當我們需要同時考慮到這麼多因素的時候，我們的精力無疑將會被分散，結果是使得所有的步驟同時慢了下來！」

「是不是有些摸不著頭腦了？」看著同學們一臉茫然的樣子，老麥忍不住大笑起來，「其實從經濟學的角度來說，這是一個再簡單不過的理論了，而且它在我們的日常生活當中到處都有體現……」

無處不在的博弈賽局理論

老麥正要接著說下去，這時突然有人打斷道，「對不起，您可以舉個例子嗎？」

「呵呵，這個簡單。其實剛才的比賽就是一個最好的例子了，不過既然大家還是有些不大明白，我再來舉幾個例子吧！相信大家都有過去超市購物的經歷，你們可以告訴我，在去超市購物的時候，你們最討厭的事情是什麼嗎？」

「買不到自己想要的東西……」

這個人的話還沒說完，就有人笑著打斷了他的話，「閉嘴，別搗蛋！」

老麥微笑著看了看圍在一起的學生，然後繼續問道，「說出來吧！我相信真正的答案就在你們嘴邊！」

「排隊結帳！」幾個人小聲嘀咕道。

「是的！」老麥用力頓了頓木棍，「其實只要仔細分析一下排隊時的心理，我們就會發現，排隊之所以會讓人感到厭煩，是因為在排隊的過程中，我們總是會留神別讓人插隊，也就是說，我們總是會擔心有人刻意地破壞規則！」

「這種心理上的焦慮才是排隊時的真正壓力來源！」有人表示認同。

「這個是理所當然，總是會有人透過破壞規則來為自己謀取最大利益……」還有人若有所思地說道。

「說得好極了！」老麥忍不住要鼓起掌來，「事實上，這正是使得我們人類活動變得複雜的一個關鍵原因！」

「想想看，」老麥激動地接著說道，「當有人試圖透過破壞當前的規則來為自己謀取最大利益的時候，他在大多數情況下都會影響到別人的利益，不僅如此，一旦他透過這種方式為自己謀取了利益之後，接下來他就會擔心別人會透過同樣的方式來影響他自己的利益，自然就會形成一個惡性循環，所有的競爭對手所面臨的壓力都會大大增加，每個人的收益自然也會隨之降低！」

矽谷的秘訣

「矽谷的發展也是一個很好的例子！」說到這裡，老麥有些激動。似乎他也為自己即將談到的話題感到振奮。

「從理論上來說，矽谷並不具有任何的優勢，這裡並不像紐約那樣雲集多所大學，也沒有豐富的資源，它享受著和美國全國各地同樣的公共政策，幾十年前這裡所擁有的只是大片的草地…

……」

「這跟競爭規則有什麼關係呢?」大嗓小聲嘀咕著,只見他一邊說著,一邊用一根小木棍撥了撥腳下的一個香蕉蛞蝓,小蛞蝓胖胖的身子在地上打了幾個滾,然後又懶洋洋地停在那裡,好像粘在了地上一樣。

「呵呵,看來有人不耐煩了,」老麥笑著說道,只見他轉身向四周看了看,好像是在尋找誰提出了這個問題,又好像是想找個地方坐下,可是他轉了一圈之後,發現沒有什麼地方可以坐,於是只好苦笑了一下,接著說了下去,「我有一位在紐約一家大型投資銀行上班的朋友,他曾經對《華爾街日報》的記者說矽谷的發展主要是因為這裡有天使級的投資人,正是因為這批投資人的大筆投資才刺激了矽谷的發展;還有人認為是因為這裡有科技發展優勢,所以吸引了大筆投資,更有人覺得是因為這裡的氣候吸引了投資人和科技天才……可是我覺得這些觀點都只看到了表面。」

正在這個時候,布萊德走了過來對著老麥的耳邊說了幾句,只見老麥抬頭看了看遠處的天空,又對布萊德說了句什麼,然後就見布萊德轉身跑走了。

等這一切過去之後,老麥又轉過身來面對大家,「好了,繼續剛才的話題。畢竟,要說有錢,華爾街肯定比矽谷更有錢,如果說科技發展是主導因素的話,世界上第一臺電腦是在賓州問世

的，至於氣候嘛……」老麥又停頓了一下，抬頭向遠處看了看。

「我相信南太平洋有很多比這裡更舒適的地方！所以……」

「所以……」老麥不愧是一個演講高手——幾乎所有的人都在屏氣凝神地等他說出答案。老麥本人似乎也對這種效果很滿意。

「所以，矽谷的發展應該歸功於這裡的競爭環境，」還沒等有人提出問題，老麥便立刻解釋道，「只要留意一下你就會發現，矽谷並沒有受到任何公司醜聞的影響，即便是在網路泡沫破滅，大批小公司紛紛倒閉的情況下，矽谷的公司也很少出現蒙混公眾的行為。我們知道，矽谷是一個創業天堂，惠普、思科、英代爾，還有最近聲名赫赫的Google等科技巨頭都是在這裡從一家家小公司發展成為影響世界的行業巨頭的，如果是在世界上其他地方的話，我們很難想像這些小公司會有如此舒適的發展環境。」

一口氣說完這麼多之後，老麥好像也有些口渴了，只見他從背包裡掏出一瓶水，喝了幾口，然後一邊擰上瓶蓋，一邊接著說道：「愛默生曾經說過，人最難的是超越自己，可是人又只能在超越自己的過程中求得發展。矽谷之所以能夠取得迅速的發展，就在於它為創業者們提供了一個最快超越自己的環境。這裡的競

爭規則非常明確，要想求發展，我們只能不斷超越自己，拼命追求進步，那種靠搞垮別人來保障自己優勢位置的做法在這裡根本行不通──就好像田徑比賽一樣，要想贏得金牌，你只能拼命往前跑，一旦有人犯規，無論他取得輝煌的成績，最終都會被判出局……」

正當老麥講到興頭上的時候，只聽他腰間的對講機突然響了起來，老麥拿起對講機，說了句「我們馬上要過去了！」。

「好吧！到下一個遊戲場地還有一小段路程，我們可以邊走邊聊，請大家站起來吧！」

規則為什麼如此重要

只有遵守各個行業規則，才能得到別人的信任，才能有人與你合作。而事業的發展又離不開合作。舉個例子：

A、B兩個嫌疑犯合夥作案，作案後被員警抓住，隔離審訊；在A、B兩人不能互通資訊的情形下，每個嫌疑犯都可以做出自己的選擇：或者供出他的同夥，即與員警合作，背叛他的同夥；或者保持沈默，也就是與他的同夥合作。這樣，就會出現幾種情況：

1、如果兩人都不招供，員警會因證據不足而將兩人各判1年。

2、A、B其中一人招供而另一人不招供，招供者作為證人將不會被起訴，另一個將會被重判15年。

3、如果兩人都招供，則會因罪名成立各判10年。

面對這種情況，兩個嫌疑犯應該相互合作，保持沈默，因為只有這樣他們才會有只判一年的好結果。然而，他們又不得不考慮對方可能做出的選擇，然後為自己盤算一下：

假如對方不招供，我只要一招供，就可以立即獲得自由，而不招供卻要蹲1年的監獄。

如果對方招供了，而我不招供，則要在監獄裡待上15年。

如果我也招供了，則只要在監獄待10年。

因此，無論從哪個方面來看，招供都比不招供好。由此可見，對於個體來說，招供都是自己最佳的選擇，而對整體來說，卻是一個最壞的結局。

遵守遊戲規則，不僅僅是為了信譽，也是為了自己的未來。一味為自己的利益而成為規則的破壞者，其結局也會和上面「囚徒困境」的案例一樣，獲得一個最壞的結局。

不要做規則的奴隸

當然，遵守規則並不意味著只能做規則的奴隸。只要方法得當，我們絕對可以最大限度地利用規則，讓規則不僅不阻礙我們的發展，還讓它成為自己的保護傘。在這個方面我有些建議供大家參考一下：

一、找出規則的關鍵點

根據每個事件的不同情況，可以找出事件規則的關鍵點。好比划艇比賽的規則一樣（要按照自己的航道划行，不能逗留、不准串道或妨礙他人前進，划艇的任何部位越出自己的航道就算犯規）就像兩個人合作，關鍵點就是平等均衡，互取所需。所以，只有找對了規則的關鍵點，你才能在規則下，游刃有餘地發展和保護自己的利益。

二、遵守也要利用

規則是需要每個人遵守的，但是，如果只是盲目地遵守，這顯然不夠。下面我給同學們講一個猶太人賣雞的故事：

有一位猶太人去賣一隻雞和一頭牛，中途船遇大風，他祈禱說如果風停則將賣雞的錢捐給教堂，可是上帝很貪心，一心覬覦那頭牛的錢，大風不停。於是他不得不改口說如風停則將賣牛的錢捐給教堂。上帝終於滿意，風平浪靜。猶太人心有不甘，求教

於其法律顧問。高明的顧問教其將雞的價格標為1000元，將牛的價格標為10元，但買牛的條件是必須依價將雞也一起買下。事後猶太人將賣牛的10塊錢按約捐給教堂。猶太人按約定辦事，上帝也無奈。

故事中的猶太人巧妙地利用規則來減輕自己的利益損失，是非常高明的，是值得我們去借鏡和學習的。所以，我在這裡提醒各位同學，如果你不想在將來的工作中被行業和社會所淘汰的話，就要學會巧妙地利用規則，而不是當一個盲目無知的規則破壞者。

三、利用也要改變

規則都是人制定出來的，對於那些不符合市場發展規律的規則，我們在利用它的同時也可以去創新和改變它，其目的就是不要讓它成為牽絆我們發展的障礙物。

老麥的電子報

納什的故事

在談到競爭規則的時候,被認為是經濟學鼻祖的亞當‧斯密曾經有過一個論斷:處於競爭環境的時候,當該環境中的所有成員都為自己謀求最大利益的時候,全體成員的利益也就達到了最大化。

這種觀點最直接的一個後果就是為人性的自私提供了一個很好的理論依據,在近一百五十年的時間裡,這種觀點一直在主導著整個人類社會,人們無論在做任何決定,都會或多或少地受到這句話的影響,都會首先想到如何為個人謀求最大利益。

這種情況一直持續到納什提出了著名的「納什均衡」。

1950年,就在納什22歲生日那天,他成為普林斯頓大學的數學博士,為他爭得博士學位的,就是他偶然在學校酒吧裡受到啟發寫出的一篇論文——而且正是這篇論文,44年以後為他贏得了科學界的最高榮譽——諾貝爾獎。

靈感總是在不經意間光顧那些天才們!納什寫出博士論文的經歷就是一個絕佳的例子。

話說有一天,當納什正在為畢業論文題目而苦惱不已,便跟幾位朋友到酒吧打發時間,突然從門外走進來四位女孩子,其中

一位非常漂亮，幾乎讓所有的人眼睛為之一亮。

這時一貫愛捉弄納什的同學們立刻圍了上來，「嘿，納什！」一位同學叫道。「我們打個賭，看誰先追到那位最漂亮的女孩子，你說怎麼樣？」

納什坐在那裡，一邊應付著同學們，一邊盯著不遠處的這四位女孩。「為什麼大家都要追求那位最漂亮的呢？」他小聲嘀咕道。

「什麼？」同學們顯然覺得納什又在發神經了，他們看到納什還繼續抱著書本，於是開始取笑他。「哦，亞當・斯密不是告訴我們了嗎？當每個人都為自己謀求最大利益的時候，整個團隊的利益也就實現了最大……」

「胡說！」納什好像沒有在聽同學的講話，只見他一邊盯著那位美女，一邊自言自語道，「根本是胡說！」

「什麼？你是說亞當・斯密是在胡說嗎？」同學們顯然被納什的大膽激怒了。

「哦，不完全是胡說，」納什接著補充道，然後他一邊拿出稿紙，一邊在紙上亂畫了起來，「還記得亞當・斯密是怎麼說的嗎？」

「當所有人都為自己謀求最大利益的時候，整個團隊的利益

也就達到了最大……」同學愣愣地說道。

「不完整……這樣說是不完整的!」納什興奮地說道,顯然,他的嘴巴現在已經跟不上大腦的轉動速度了,「亞當·斯密,對不起,我覺得你說得並不完全對,」還沒等有人回過神來打斷他,納什又緊接著說道,「設想一下,如果我們現在都去追求那位美女,結果會怎樣?那位美女同時受到了四位男士的追求,她自然會提高選擇的標準,結果會增加我們所有人的追求難度,而如果你們三位沒有得到那位美女呢?那其他三位女孩子也不會接受你們,因為沒有人喜歡選別人挑剩下的,尤其是當著同伴的面,所以即便你們很有魅力,她們也還是會毫不猶豫地拒絕你,最後的結果會是怎樣呢?」

納什一邊說著，一邊大笑著問道──當他看到同學們驚訝得合不攏嘴的時候，他笑得更加開心了。

「結果就是你們三個註定得不到那位美女，而我呢？即便是得到了那位美女，我的日子也不會好過，因為當同時有四位男士在追求她的時候，她對自己魅力的自信自然也大大被提高了，所以她的選擇標準自然會提高，我也就會面臨著隨時可能被淘汰的命運！」

「所以說，當所有人都在為自己謀求最大利益的時候，結果就會破壞原有的規則，使得所有人的利益都有所下降！亞當‧斯密的理論需要修改，不是嗎？」

「怎樣修改呢？」那位同學的嘴巴還是沒有合上。

「要想真正實現個人利益的最大化，所有成員應當盡力為自己以及自己所在的團隊謀求最大利益，只有這樣，他的利益才能有保障！對，就是這樣，這就是我的納什理論！」話還沒說完，納什就抱著稿紙離開了酒吧，回到宿舍奮筆疾書──兩個星期後，「納什均衡」問世了！

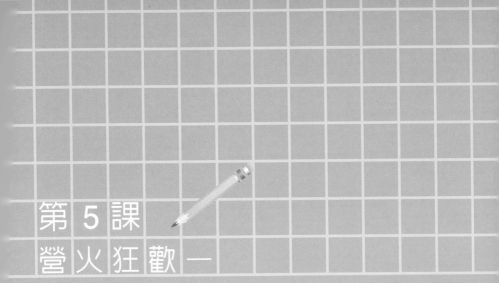

第 5 課
營火狂歡 —
休息是為了走更長遠的路

活動介紹

目標：贏得聽眾掌聲

場景：露營地前面的空地，中間生起了一堆營火，大家圍坐在營
　　　火周圍的木凳子上

人數：20人

道具：無

要求：整個團隊分為五組，每組選派一名代表，在不藉助外部工
　　　具的情況下，從周圍觀眾那裡贏得掌聲

時間：不限

一場奇怪的比賽

晚餐之後，人群慢慢聚集到了停車場的空地上。

有人在空地中央生起了營火，人們在周圍圍成了一圈，很快地一場營火晚會開始了。

「我希望大家把今天晚上的營火晚會看成是一場比賽，」如果手裡再拿著一個麥克風，老麥就更像一個晚會的主持人了。「我們比賽的內容是分享和放鬆！」

比賽的規則非常簡單：由每組選派代表——可以是一位，也可以是幾位——走到場地中央給大家講個笑話，然後由聽眾鼓掌，贏得掌聲最多的小組獲勝。

「講笑話大嗓最在行。」老鼠妹妹嘀咕道。

聽到這句話，大嗓不禁打了個冷顫，坐在他旁邊的我可以明顯地感覺到他的肩膀顫抖了一下。

比賽開始了！

胖子和細杆

A組的胖子牽著細杆走到了場地中間。

然後只見細杆突然單膝跪到在地，把大嗓嚇得忍不住打了個飽嗝。

「神父啊，原諒我吧！」細杆說道，「我有罪……」

「什麼罪啊？」還沒等細杆說完，胖子便打斷道。「Tell me.」

細杆說道，「我太虛榮了，我每天都要照兩遍鏡子，然後告訴自己我有多麼漂亮。」

胖子立刻認真打量了細杆兩遍，然後歎了口氣說道，「孩子，別擔心，妳並沒有犯罪，妳只是不小心看錯了而已！」

胖子的話音剛落，四周便立時響起了一陣掌聲和口哨聲。

「你的壓力很大啊！」老鼠妹妹拍了拍大嗓的肩膀，別有用意地說道。

頭等艙的金髮女郎

這時，只見第二組上場了。

這次上場的有四個人，金髮女郎、捲毛，胖子，還有一個穿著大褲衩的波蘭男生。

金髮女郎手裡拿了張紙條，上面寫著「去邁阿密，經濟艙機票」。

只見她走到了場地中間蹲了個馬步，胖子手裡舉著一塊寫有「頭等艙」的牌子，在金髮女郎頭頂上晃了一下。

這時捲毛走上前來，咳嗽了一聲，對金髮女郎說道：「很抱歉，您的票是經濟艙，可是您現在坐的是頭等艙。」

「叫你們機長來，」金髮女大叫道，「我是位金髮女郎，我想做什麼就做什麼。」

很快，波蘭大褲衩來了，只見他彎腰在金髮女郎耳邊嘀咕了幾句，她便離開了頭等艙。

捲毛感覺很奇怪，便問：「你跟她說了什麼？」

大褲衩說：「我告訴她頭等艙不去邁阿密，只有經濟艙才去！」

大褲衩的話也立即引起了一場哄堂大笑，只見人群中爆發出更加激烈的掌聲、口哨聲，還有人朝場地中間扔紙團，礦泉水瓶……

「等大嗓出場的時候，才有好看的呢！」老鼠妹妹繼續自言自語道。

大嗓亮相

「你有完沒完啦？」大嗓實在頂不住壓力，大叫道，「去就去嘛，有什麼了不起的？」

一邊說著，大嗓一邊一個人來到了場地中央。

「各位鄉親父老，」大嗓一邊抱著拳頭繞場一周，一邊說道，「我來給各位講個笑話，煩請各位舉起你們的雙手，有錢的捧個錢場，沒錢的捧個……」

周圍的外國人不知道大嗓在嘀嘀咕咕地說什麼，但都覺得非常有趣，於是就富有興致地看著他。

大嗓還沒說完，老鼠妹妹的飲料瓶就飛了過去，還順帶捎去了一句呵罵，「丟人！要飯呢！」

大嗓吐了吐舌頭，開始用英文講道：

一位牧師來到一家寵物店，指著一隻鸚鵡問店老闆，「你敢保證牠不會說髒話嗎？」

「那當然，」老闆保證道，「當然不會，牠是個基督徒。」

「真的嗎？」牧師驚喜道。

「當然，」老闆補充道，「你看，只要拉拉牠的左腳，牠就

會給你來段上帝禱文，要是拉拉牠的右腳，牠還能給你完整地背下第23首讚美詩呢！」

「這可真是太神奇了！」牧師說道，「要是兩隻腳一起拉呢？」

「他媽的！」只聽鸚鵡罵道，「那我不就掉下去啦！」

依舊四周又是一片掌聲、口哨聲，就連一直橫眉冷對的老鼠妹妹都忍不住笑出聲來……

就這樣整個晚上營地都彌漫在笑聲之中，當我回過頭來向四周張望的時候，只見漫天繁星閃爍，太平洋的海風拂過臉龐，紅杉林中一片寧靜，刹那間，白天的勞頓消失一空，只覺得人世間的一切美好都在此時展現了，還有誰會去眞正關心比賽的結果呢……

生活永遠是第一位的

各組的表演結束之後，老麥給我們講起了他自己的一段親身經歷：

「就在去年的時候，我的獨輪自行車公司開始招聘銷售人員，跟平時一樣，我們的面試一共分爲兩輪，第一輪由各部門經理負責，第二輪我親自負責──所以可想而知，我所遇到的都是那些被部門經理認可的求職者。三天的面試下來之後，我發現了一個特點，所有通過第一輪面試的人似乎都給我一種『工作狂』的感覺，每個人都表示自己始終把工作放在第一位，爲了工作甚至可以犧牲一切，可以想像，這也反映了我們的部門經理的價值判斷──發現這個情況的時候，你們覺得我會有怎樣的感覺？」

爲了鼓勵大家回答，老麥又加了一句：「別忘了，我可是這家公司的老闆啊！」

「那您當然會很高興了，」很久沒有說話的大嗓生怕錯過了

這次發言的機會。

「哈哈，難道我給你留下的就是這種印象嗎？」老麥大笑起來，「說實話，當發現這種情況的時候，我非常擔心——不是擔心公司的發展，而是擔心員工們的幸福。要知道，雖然這麼多年來我在所屬的行業中取得了一些公認的成就，可是我從來沒有把工作放在第一位，你們相信嗎？」

「不相信！」

「這跟您給我們的感覺完全不一樣啊？」

「您是在試探我們嗎？」

「哪有老闆不喜歡員工把工作放在第一位的啊！」

「如果不把工作放在第一位的話，您根本不可能取得今天的成績！」

「一個不把工作放在第一位的人能夠一邊當副校長，一邊做律師協會主席，還一邊主持一家資產數億的大型跨國公司嗎？」

老麥這次沒有打斷，只是在旁邊聽著大家你一言我一句地議論開來，等到人群中聲音漸漸小下去之後，老麥才清了清喉嚨，一邊擺著手，一邊說道：「你們都說錯了，我既沒有給你們錯誤的感覺，也不是在試探你們，可是我確實從來沒有把工作放在第

一位過。不錯，無論是在學習還是在參加社會工作的時候，我一直鼓勵你們要竭盡全力，可是竭盡全力地工作並不等於要把工作放在第一位！」

「那些堅持把工作放在第一位的人往往會在生活中遇到很多挫折，而且更糟糕的是，他們的工作也未必能取得很好的成績！」

「能解釋得清楚一些嗎？」白兔姐姐問道，「我不明白，長久以來，周圍的人一直在告訴我們要努力工作，工作做好了，其他的一切就都好了，不是這樣嗎？難道我們不需要努力工作來換回生活所需要的一切和實現目標和理想嗎？」

「很多人都這麼以為。的確，長久以來，整個社會都在努力向我們傳達一種理念——努力工作，那些工作不努力的人是可恥的，他們不配享受生活，甚至在他們受苦受累的時候也不值得憐憫——我絕對同意這樣的觀點，不僅如此，我還堅信，如果一個人心中懷有某個遠大理想的話，他實現理想的唯一途徑就是透過努力工作，我所接觸過的許多成功人士都是努力工作的典範……」　.

默多克與雷石東的故事

「能給我們舉幾個例子嗎？」大個子問道。

「當然，成功人士的故事永遠受歡迎，不是嗎？」老麥笑道，「還在擔任律師的時候，我曾經跟新聞集團的老闆默多克有過多次的接觸，他是一個不折不扣的野心家，只要一踏進辦公室，他似乎每一分鐘都在思考怎樣為新聞集團擴展疆土，有一次在跟他聊天的時候，我問他打算什麼時候退休，你們猜他是怎麼回答我的……」

老麥停頓了一下，等著大家回答，身為一名律師，老麥非常懂得怎樣激發調動聽眾的情緒，讓自己的演講達到最大的效果。

「『退休？！』他好像覺得我的這個問題很好笑，『我的字典裡從來沒有這兩個字，我計算了一下，我這一生剩下的時間大約還有7.5萬個小時，扣除必要的睡眠和調整時間，我的時間已經不多……還有很多事情需要做，我們要進一步提高新聞集團產品的品質，做出更多更優秀的報紙、電影、電視節目……無論在哪一個領域，我們都不能停止！』」

「還有薩姆‧雷石

東，相信這個世界上只要看過電影的人就沒有不知道派拉蒙公司的，而薩姆‧雷石東就是這家公司的真正老闆。他在六十三歲開始創業，用15年的時間成就了聲名赫赫的維亞康姆公司，實力甚至超越了默多克的新聞集團。他也是努力工作的典範，據說還在波士頓拉丁學校就讀的時候，他曾經生了一場大病，醫生讓他住院三個月，在住院期間，秉承猶太人傳統的母親堅持讓他讀書，由於當時薩姆無法坐立，所以母親就為他特製了一個向下方傾斜的讀書架，讓他可以躺在那裡讀書……」

「後來呢？」大家似乎都覺得這個故事太富有傳奇色彩了。

「後來，呵呵，結果正如你們所料。雖然三個月沒有上課，可是他還是在那學期的考試中得到第一名，不僅如此，他還在17歲的時候進入哈佛大學，成為法律系的高材生，最終成了一名大律師……」

工作不是生活的全部

「生活難道不就是應該這樣的嗎？」人群中有人說道，「我是說，我們努力工作，然後換回自己想要的一切？」

「讓我再強調一遍，」老麥說道，「我並不是要否認努力工作的重要性，事實上，我本人也是一個工作非常努力的人，我在工作的前三年就因為工作走遍了64個國家──這可不是好玩的。」

「我所要說的是，努力工作跟是否把工作放在第一位並不是一回事。我們每個人都應該努力地工作，但我並不贊同把工作當成全部。」

說到這裡，老麥突然話鋒一轉，「還是接著我前面說過的那次招聘吧！第三天的面試結束之後，晚上回到家裡，我寫了一封信給公司的經理們，後來還把這封信發在公司的內部電子報上。」

「在這封信裡，我首先告訴他們我的發現，並對他們的這種做法表示理解，然後我告訴他們，雖然這種做法短期內可能會給公司帶來更大的收益，可是我並不鼓勵他們這麼做。我告訴他們，從長期來看，我更希望他們能夠把自己的生活放在第一位，然後用生活中產生的動力來推動自己的工作，而不是把生活作為

釋放工作壓力的一種方式，就好像有人拼命賺錢，然後再透過亂花錢的方式來緩解內心壓力一樣，我告訴他們，無論是在工作還是在生活當中，人類一切行為的目標是保持身心的平衡，而當我們把工作放到超越其他一切的位置的時候，這種平衡就會變得非常脆弱……」

「美國幽默詩人曾經這樣描繪現代人的生存狀態：『他在鄉村工作，為的是能夠生活在城市裡；他在城市裡拼命工作，為的是能夠生活在鄉村。』」

「看來在鄉村生活的人是很嚮往大城市的繁華和美妙的，但在城市裡工作的人為了遠離喧囂和污染，卻非常想念鄉村的恬淡和安寧。」

「如同你們一樣，拼命讀書學習，為的是今後能更好的生活和取得更高的社會地位，可是親愛的同學們，你們想過把學習當成最重要的事的巨大危險嗎？」

「人們對於自己心愛的汽車，每行駛數千公里就要進行保養維護，檢查表單頂端、表單底端、發動機、換機油、加水；人們對於自己的住屋，會精心設計、裝修，用心監督施工的每一個過程，以保障品質，延長使用壽命。」

「然而，很多人對於自己最寶貴的財產──身體，在使用上卻是那麼不懂得珍惜，在維護上又是那麼的粗枝大葉甚至忽略不計！」

「體力、精力的持續高度付出，嚴重破壞了人體的生理規律和節奏，體內能量、資源出現嚴重的『財政赤字』，入不敷出。疲勞像蛀蟲般淤積在體內，慢慢侵蝕著身體的大廈，血壓升高、動脈硬化等等逐步從量變轉化為質變，進而瀕臨致命的邊緣。也許，有些人外表看起來似乎還可以，實際上已經是外強中乾。過度勞累的人就如同一盞燃油即將耗盡卻又沒有燈罩的油燈，若明若暗，一旦遇到一股較強的風，就會驟然熄滅。」

「工作，並不是一件美妙的事！它在帶給你金錢、地位和成就感的同時，也消耗著你的時間，吞噬著你的生活。但是，為什麼工作總是如此令人上癮、孜孜不倦呢？如果我說是因為腎上腺素，你也許會發笑！」

「然而，科學研究發現，『工作狂』們對腎上腺素有種特殊的生理需要！他們往往刻意去尋求一些難度高、挑戰大、有高壓、很刺激的事情來做。此刻，他們的腎上腺素保持在一個很高的水準；此刻，工作蛻變成了賭博似的令人沉溺的嗜好，吸毒般的令人欲罷不能。他們平時拼命工作，好不容易盼到週末或假期，卻發現自己身體不適，鬱鬱寡歡，無所事事，全身難受，無論如何也放鬆不下來。」

「在美國，『工作狂』有一個相當動聽的名字──『令人尊敬的癮君子』。」

「當然，以上只是簡單地從生理的角度來剖析。人們之所以拼命工作、廢寢忘食，還在於他們的使命感、價值感、責任心等。而其摒棄從容，一路狂奔的深層面原因，其實是因爲他們健康智商的缺乏。長期如此，養成了過度耗費生命能量、資源的不良工作習慣，即所謂『智者的蠢行』導致令人痛惜的惡果。」

警告：如果你出現以下症狀的幾種或全部，那說明你應該放慢腳步，學會給自己減減壓了！

● 工作之餘沒有興趣與愛好

● 工作時間長

● 沒有確定的目標——工作只是爲了積極

● 在工作中發展膚淺的友誼

● 經常談論工作

● 不會委託別人

● 經常忙著做事

● 爲了工作放棄假期

● 覺得生活很累

抒解工作壓力，
才能成為最後的贏家

大家可能疑惑了，不努力工作，我們怎麼能邁向成功呢？其實我的意思是，我們應該適當調節工作的狀態，輕鬆面對是最好的。《工作狂》（Workaholics）的作者芭芭拉·基格林認為：受人尊敬的工作狂對工作的著迷導致他們患有潰瘍、背部疾病、失眠、躁鬱症和心臟病，許多人甚至因此而早亡。而輕鬆工作的人能夠享受工作和娛樂，所以他們是最有效率的。我們對照一下下面兩個人對工作的不同態度。

半個世紀前，還是少年的巴力斯從希臘踏上了美國這塊「金土地」尋夢。在旅館當了多年的侍者之後，他終於艱難地經營起自己的小本生意。經過幾十載的風雨飄零，今天，巴力斯先生終於擁有了自己的好幾個公司。

歲月滄桑深深地刻在老人的臉上，但巴力斯談起自己的創業路卻非常自豪：「閒暇是什麼？這麼多年我從來沒有度過假。如果你不工作，你就永遠都不會有出頭之日——這就是美國。」如今，即使事業如日中天，巴力斯每天依然長達16個小時在「攀爬社會的階梯」。

但當針灸醫生的小巴力斯對此卻不以為然——每天不到中午

他是絕不會開門應診的。對他來說，生活中最重要的大事就是——玩得開心。「如果我開心，你才會開心——開心和幽默就是身體恢復健康的表現。」

前者認為人一生最重要的是工作，否則永無出頭之日；後者則認為開心比工作更重要，身體的健康是最好的。那我們怎樣才能平衡這兩者的關係呢？

對於我個人，我想，人生的成功並不局限於辦公室。要做一個有著平衡生活方式的最佳工作者，這意味著工作在為你服務，而不是你為工作服務。

如果你曾因為在工作時喋喋不休地說閒話挨過老闆的罵，現在你絕對可以理直氣壯地告訴他，你這樣做也是為了能更好地工作。英國職業心理學家的一項研究顯示，工作時間說閒話有助提高工作效率。

進行有關調查的倫敦城市大學護士學院的凱薩琳‧沃丁頓女士在英國職業心理學家年會上對與會的公司老闆們說：「經常東家長西家短說閒話，看起來似乎不足取，但它其實對健康非常有益。閒聊使人們工作起來順心，而且更富創造力。」

沃丁頓女士進行的這項研究，以100名護士作為研究對象，發現嘮叨、閒聊能幫助她們緩解工作壓力、提高工作效率。有的護士反映，有些事情她們無法跟主管說，只有在嘮叨的時候才能發洩一下。員工之間相互交流也有助於彼此間獲得支持和回饋資

訊。另外，工作場合氣氛往往比較嚴肅，只有閒聊的時候人們才能不設防地展示自己的個性，這有助於放鬆精神。老闆們不太喜歡看到員工閒聊，殊不知，這種看似不好的習慣可能對他們的員工有正面作用。趁喝茶休息的時候聊聊天也許並不壞，老闆們應該用不同於以往的眼光來看待閒聊。研究人員甚至聲稱，老闆們應該鼓勵自己的職員在工作時多嘮叨嘮叨，這樣有利於增強員工的創造力、提高工作效率。

上班期間適當地玩玩遊戲也能提高工作效率。荷蘭科學家的一項研究顯示，讓員工在電腦上玩一些個人紙牌等小遊戲並不是單純的浪費工作時間，相反，這些遊戲能夠提高員工的工作效率與凝聚力。研究人員對荷蘭保險公司的員工進行測試，允許其中的一組每天最多玩一小時的掃雷、紙牌等電腦遊戲，而對另一組加以限制。一個月後，在這些接受測試的員工中，允許玩遊戲的員工對他們的工作量與工作效果感到更為滿意。

所以，當大家踏入社會，走進辦公室之後，特別是當大家感到疲勞的時候，不妨回想一下今天的遊戲，告訴自己在工作時適當的放鬆是必要的，閒聊、小遊戲、打個小盹、吃口香糖、在辦公室走走都可以，這樣既減輕了工作的乏味和疲憊，也提高了對工作的興趣和效率，何樂而不為呢？

老麥的電子報

烏鴉和蕭伯納

當然，緩解壓力不一定要以犧牲工作為代價，學會分享不僅可以讓你的工作更輕鬆，還可以幫助你在工作中得到更大的樂趣——當然，我們在這裡所說的分享既包括分享成功，也包括分擔壓力。

記得有一個故事，樹上停了一隻嘴裡銜著一大塊肉的烏鴉，許多追蹤這隻「富有者」的烏鴉成群飛來。牠們落下來，一聲不響，一動也不動。那隻嘴裡叼著東西的烏鴉已經很累了，吃力地喘息著。牠不可能一下子就把這一大塊肉吞下去。也不能放在地上從容不迫地把這塊肉啄碎。那樣烏鴉們會猛撲過去，展開一場混戰的。牠只好停在那兒，保衛嘴裡的那塊肉。

也許因為嘴裡叼著東西呼吸困難，也許因為先前被大家追趕，牠已經筋疲力盡。只見牠搖晃了一下，叼著的肉突然掉下去了。所有的烏鴉都猛撲上去，在這場混戰中，一隻非常機靈的烏鴉搶到了那塊肉，立即展翅飛走，這當然是另一隻烏鴉。其

餘的烏鴉緊隨其後──第一隻被追趕得筋疲力盡的烏鴉也跟著飛,但已明顯地落在大家後面了。

結果,第二隻烏鴉也像第一隻一樣,被追趕得筋疲力盡,停在一棵樹上,最終也失去了那塊肉。於是又是一場混戰,所有的烏鴉又去追趕那個幸運兒……

大家聽完後肯定覺得這些烏鴉笨死了,但我在這裡想告訴大家的是:這些不懂得分享的烏鴉,最終的結果是自己永遠享受不到那塊肥肉。分享是與獨佔和爭搶行為相對立的,而後者常被視為自私自利的表現。從大的方面來講,分享不僅包括對物質和金錢等有形的東西的分享,還應包括對思想、情緒、情感等精神產物的分享,甚至還有對義務和責任的分擔。分享對於一個人與社會的融合有著決定作用,它影響著人能否被社會接納、能否適應社會、能否在社會上生存。當人們主動與別人分享本屬於自己獨有的一份東西時,當人們提出對雙方同樣有利的建議並付諸行動時,常常能贏得別人的好感,為進一步交往打下基礎。

英國戲劇作家蕭伯納說過:「倘若你有一個蘋果,我也有一個蘋果,而我們彼此交換蘋果,那麼,你和我仍然是各有一個蘋果。但是,倘若你有一種思想,我也有一種思想,而我們彼此交流這些思想,那麼,我們每人將各有兩種思想。」在雨天時我們

看到別的同學沒有傘被淋濕，你會去跟他分享一把雨傘嗎？在午餐時，有的同學沒吃飽，你會跟他分享你的蘋果嗎？還有在你快樂的時候你會跟別的同學分享愉悅的心情嗎⋯⋯

　　分享是做人的一種精神，是幫助別人釋放自我的最好方式。拿出自己的東西，糖果、玩具、衣服、照片⋯⋯什麼都可以，跟你的玩伴、同學一起分享，你會覺得這些東西更有價值，更值得你去擁有。就像花園裡漂亮的花朵，如果開在深山裡就沒人知道它有多燦爛了。心情是需要排解的，堆積在內心只會適得其反，讓事情變得更複雜。

　　在澳洲的有關交通法規的書籍，第一條是交通部長給初學駕駛的人的忠告：「學習交通規則的本質是懂得和別人分享道路。」道路需要大家分享，那我們的生活更應該彼此分享。

第 6 課
目標設立—
合理的目標驅使人前進

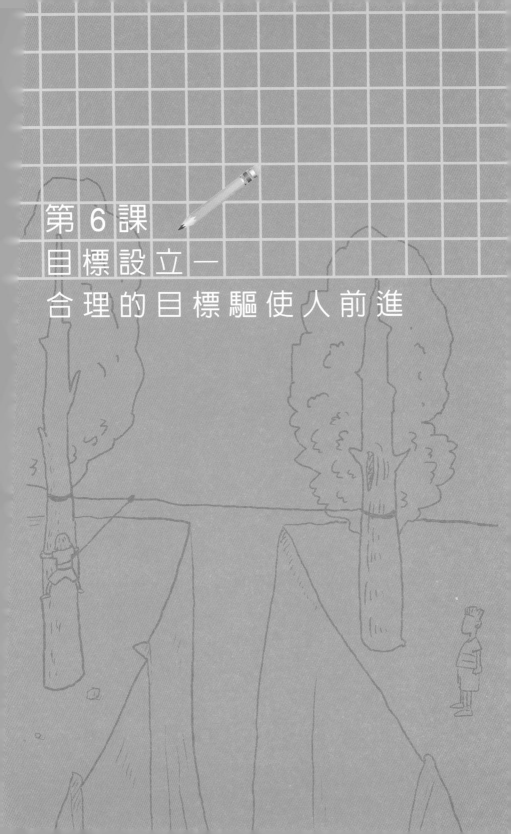

活動介紹

目標：飛越山澗

場景：一道深約20餘公尺、寬約20餘公尺的山澗，山澗這邊是陡峭的懸崖，長著兩棵間距很小的高大紅杉樹，山澗對岸是濕滑的斜坡，斜坡上長著一些碗口粗細的小紅杉，山澗兩側之間透過一條繩索相互連接

人數：20人，分為五組，每組四人

道具：一條長約40公尺的粗繩，掛鈎

要求：藉助現有的工具，將團隊成員安全送到山澗對岸

時間：不限

來到山澗

清晨，林間。

昨夜下了些小雨。

在太平洋東岸的這片紅杉林中，沒雨的時候地上都是濕漉漉的，下了雨之後更是濕滑。

天剛亮，隊伍就集合了。

經過了昨天晚上之後，大家好像突然成了好朋友，就連一向高傲的大嗓也開始主動跟人打起招呼。

好像是已經預料到了這種變化，剛一睜眼，屋子裡就四處流傳著老麥的指示，「今天不作對抗了，我們來點遊戲吧！」

吃完早飯之後，老麥把隊伍拉到了露營地馬路的對面，繞過一個廁所、一個倉庫之後，我們踩著一堆枯枝敗葉來到了一棵高不見頂的紅杉樹旁。隊伍停了下來。

「我們今天一共有三項活動，馬上進入第一項，」老麥清了清嗓子，開口說道，「第一項活動是一場遊戲，內容很簡單，大家只要從一條小河的這一邊拉著繩子滑到另一邊就可以了……」

看到布萊德好像要說什麼，老麥急忙揮揮手打斷了他。

「但有一點需要提醒你們注意，」老麥說道，「千萬要注意安全，我不希望再發生昨天那樣的事情。如果再出那樣的亂子的話……」

老麥還沒說完，布萊德趕緊接著說道，「後果將非常嚴重！」

布萊德說完之後，只聽「啪」的一聲，有人往身後的石板上扔了塊石子，算是比賽開始的信號。

正當我對這種比賽信號吃驚不已的時候，前方突然傳來了一個熟悉的聲音。

「天呀！」大嗓驚叫道。

眼前是一道橫跨二十公尺的山澗，兩道山崖中間是一道足足十公尺深的深淵，哪裡是什麼「小河」！有人試著往山澗裡扔了塊石子，下面傳來轟隆隆的聲音，好像隱藏著一隻正在張開嘴巴的怪獸。

難怪大嗓叫娘！

 凌空飛渡

人馬站隊，各就各位，布萊德開始指揮大家如何繫安全吊帶。

跟以往不同的是，這次各路人馬開始發揚「爭後恐先」的精神，個個唯恐第一，如果不是考慮到面子的話，恐怕早有人拔腳狂奔了。

「其實沒那麼可怕！」布萊德耐心的樣子更帥了，「大嗓同學，請拿你手邊的繩扣，把它扣到身上，看，就像我這樣！」

大嗓臉憋得通紅，「I am sorry, I want to pee first. （不好意

思，我想先去尿尿。)」

　　沒等布萊德‧彼特回答，大嗓已經落荒而逃了。

　　「我來，」顯然，老鼠妹妹是個不愛生命愛帥哥的人，人群當中立刻出現一條筆直的大道，老鼠妹妹邁著皇后般的步伐移動到了布萊德身邊，眼睛根本沒看繩扣，「你讓我扣哪兒我就扣哪兒，」好像是被人群中的咳嗽聲驚醒了，老鼠妹妹急忙抓起了繩扣，「是扣這兒嗎？」

　　「好的，」布萊德清了清喉嚨，神色隨即恢復了鎮定，對於眼前20公分處飛速眨動的老鼠眼視若無睹。「來，走上這個踏板。」布拉德轉身給老鼠妹妹騰了個地方，「先站穩，眼睛看著前方！」

　　「天呀，太深了！」老鼠妹妹發出了老鼠般的尖叫聲。

　　「叫你往前看，」布萊德的耐心好像快用完了，「誰叫你盯著下面的！別亂動啊！」

　　「我……」老鼠妹妹還沒來得及發出第二聲鼠叫，布萊德將她用力推了出去，山谷中頓時迴響起了淒慘的叫聲。

　　「看看她你們就知道了，」布萊德指揮大家看著，對著人群說道，「只要三十秒就可以到達對岸，其實根本沒什麼危險……」

布萊德的話還沒落音，只聽「啪唧」，眾人眼睜睜地看著老鼠妹妹撞到了對面的一棵大樹上。

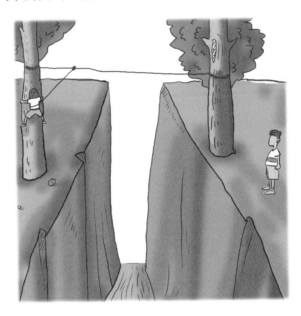

「哦，忘了告訴大家，」布萊德抱歉地笑了笑，他的笑頓時贏得了所有人的原諒，「到對岸的時候一定要把腿抬起來，否則你的臉就會首先接觸到那棵樹！」

在老鼠妹妹的鼓勵下，大家紛紛主動起來，所有人馬很快越過了山澗。

老麥的CAG法則

等大家到了對岸之後,老麥早已坐在那裡多時了。

「大家感覺如何?」老麥問道。「能談談你們從這項遊戲當中都有哪些心得嗎?」

「我覺得這項遊戲充滿了比喻意義。」白兔姐姐若有所思地說道。

「說得好極了,白兔姐姐,」老麥讚賞地說道,「能告訴我妳是怎麼想的嗎?」

「我覺得這個遊戲回答了人生一個最主要的問題——如何從你現在的地方到達你想要去的地方……」白兔姐姐有些猶豫地說道。

「棒極了!」老麥拍手大叫道。「我喜歡妳的表達方式,從妳現在的地方到達妳想要去的地方!」

一邊說著,老麥一邊轉向其他學生,「不知道你們是否意識到了這一點?」

「好像是的!」

「確實如此!」

「從現在的地方到達想要去的地方，說得真好！」

學生們再次附和起來。

「既然如此，」老麥說道，「你們有誰能告訴我，怎樣才能從你們現在的地方到達想要去的地方呢？」

可能是看到大家有些不知所措，老麥又接著補充道，「或者我們可以換個說法，剛才的遊戲中，你們想要從山澗的一邊到達另一邊，需要具備哪些條件呢？」

這個問題顯然容易回答多了，同學們立刻變得活躍起來：

「需要一根繩子！」

「需要把繩子繫在對岸……」

「需要克服我們的恐懼心理。」

「需要盪過去。」

「需要……」

老麥一邊聽大家說，一邊低頭在一張紙上寫著什麼，等到所有人都回答完之後，老麥把那張紙豎立起來，只見上面寫著三個字：

GOAL（目標）

COURAGE（勇氣）

ACTION（行動）

「我想跟大家分享一下我的『老麥原理』，我把它稱爲CAG法則，它教我們成功的三項基本原則：目標，勇氣，還有行動。」

法則之一：目標

「我相信，每個人生來就有自己的目標，只不過有的人比較清楚自己的目標，而有的人卻不太清楚罷了。成功人士跟一生平庸者最大的區別之一，就在於成功人士願意確定、承認並尊重自己的目標，而平庸者卻經常會將其看成是幼稚的狂想。」

「就像剛才的遊戲一樣，一旦確定了目標，你所做的一切事情就會變得有意義，當你有了眞正的目標之後，所有的人力、財力以及你所需要的各種機會，都會向你靠攏。不僅如此，當你與你眞正的人生目標連起手來的時候，你的行爲自然也就會變得對這個世界有益。」

「我所認識的很多成功人士都有著非常明確的人生目標，有的人希望成爲棒球冠軍；有的人希望能成爲一名馴馬高手；有的人希望成爲暢銷書作家；有的人希望成爲百萬富翁，到塔西提島

上度假；有的人希望能夠成為一名偉大的演說家；有的人希望能夠在2020年的時候賺上50億美元……」

說到這裡，老麥突然停頓了一下，然後說道，「不知道在座的各位是否願意跟大家分享一下你們的目標？」

「我想成為一個對社會有用的人！」

「我想做一個能夠給別人帶來希望的人！」

「我想做一個有愛心、有趣、有力量、充滿熱情的人。」

「我想讓世界變得更美好！」

……

一邊聽著，老麥一邊失望地搖了搖頭，「這些目標都很美好，可是它們並不是我所謂的目標，事實上，我很懷疑你們是否是真的這麼想……」

聽到這些話，剛才那些踴躍發言的同學們有些都羞愧地低下了頭，有些臉色開始微微發紅，還有的則像是要說什麼，可是話到嘴邊又吞了回去。

「我所說的目標是指那些你們真正想要的東西，記住，無論你們想要什麼都是可以理解的，這並不奇怪，也沒有什麼值得感到慚愧的，我敢說大多數人都想要賺很多錢，住豪華的洋房，開最高級的汽車，去最迷人的旅遊勝地度假……難道不是嗎？這個世界上絕大部分人都把這些東西作為自己的目標，這就是現

實。」

「好了，現在讓我們重複一下剛才的遊戲，你們可以再告訴我一遍你們的目標，要說得具體一點，告訴我你們最真實的目標，你們現在最想要的，你們最喜歡的，或者是最讓你們發狂的東西。」

沈默了一分鐘之後，人群裡再次騷動。

「我喜歡跟人閒聊！」

「我喜歡打籃球，要是能打一輩子籃球，還能賺很多錢就好了！」

「我喜歡做生意，賺很多錢，然後把家裡佈置得漂亮又舒適！」

「我喜歡到世界上最激動人心的地方旅遊，能夠遇見不同的人！」

「我想在海邊買棟大別墅。」

「我想要有一輛法拉利。」

……

「好極了！」老麥大叫道，「這就是我所說的目標，真正的目標應該是這樣的——一想到它，你們就激動不已，它會讓你們產生無盡的動力，讓你們為之瘋狂，甚至沒有報酬你們都會願意做這樣的事情，就好像我們剛才遊戲中對岸的那根木樁一樣，你

們的目標就是你們人生中的那根木樁，當所有的努力都是圍繞那根木樁展開的時候，你們在其他事情上浪費的時間就會降低到最少，而一旦達成目標之後，你們所得到的歡愉也會是最大的。用梭羅的話來說，當你們的人生有了明確的目標，並激發自己全部的精力實現這一目標的時候，你們就『活出了最深刻的生命，活出了生命的精華，擺脫了所有不相干的人和事，這樣，當你們的人生結束的時候，你們就不會慨歎自己虛度人生了……』。」

「就像我剛才說過的那樣，目標本身並沒有高尚和低下之分，但它必須是你們真正想要的東西，當有人說自己的目標是想要跟人閒聊度日，而且還能賺很多錢的時候，一定會有人在想，『這樣的日子誰不喜歡過啊？可是這樣也太沒出息了，而且哪裡有這樣的好事呢？』歐普拉・溫弗瑞曾一度被評為全美最有影響力的女性，個人資產超過10億美元——她整天都在跟人閒聊，身為一名脫口秀主持人，那就是她的工作！」

「我的好朋友蘇珊也喜歡到世界上最激動人心的地方旅遊，喜歡遇見各式各樣的人，結果她在23歲那年擔任一家國際旅遊公司的導遊，每年的收入高達數十萬美元。」

「還有的人靠整修房子做生意發了大財，唐納・特朗普就是這樣的一個人，結果他成了美國最有影響力的房地產大亨……這樣的例子不勝枚舉！只要明白了自己到底想要什麼，你才能活得深刻，活得有效率，不是嗎？」

法則之二：勇氣

「當然，只有目標是不夠的，就拿我們剛才的遊戲來說吧！所有人都知道自己的目標是什麼，可是當我們站在山澗這一邊的時候，我們每個人的心態都是不一樣的，能告訴我當時你們是怎麼想的嗎？」看到同學們有些猶豫，老麥就鼓勵道，「大膽一些，說出你們當時的真實想法，你們當時的心裡一定有很多對話，把它們說出來吧⋯⋯」

「呵呵，」大嗓突然傻笑了起來，一下子把大家的目光都吸引了過去，「我想說，呃，我是說，我當時只想儘量往後站，讓別人先過，這樣我就可以看看這條繩索到底是否安全⋯⋯」

話還沒說完，人群中立刻一陣哄堂大笑。

氣氛立刻變得輕鬆起來。

「我想放棄⋯⋯」

「我告訴自己，『其實你本來也不想過去的，有必要強迫自己嗎？』」

「我對自己說，『這並不困難，不過我昨天晚上好像沒有睡好，所以頭有些暈』⋯⋯」

「我想起了爸爸以前曾經因為我爬到房頂上而痛扁了我一頓！」

「這些話都很熟悉，」老麥說道，「這也正是我的『老麥原理』當中要談到的第二點，勇氣！」

「噓……」人群中立刻發出一陣不以為然的聲音。

這種反應好像早在老麥的意料之中，只見他微微地笑了笑，然後接著說道，「很多人都以為這是一個很俗氣的字眼，可是事實上，大多數人之所以碌碌一生，不是因為他們的人生中沒有目標，而是因為他們缺乏勇氣，甚至會找出各式各樣的理由來說服自己放棄目標，其實這些只不過是藉口罷了！」

「我相信，人天生是有勇氣的，只不過這些勇氣在後來的經歷中漸漸被消磨掉了而已！」

「當我們還是小孩子的時候，總是想要什麼就去做什麼，我們無所畏懼，會想盡一切辦法得到我們想要的東西，所以會跌倒、會碰壁，會在大多數情況下得到我們想要的東西，也會享受到最大的滿足感……」

「可是後來呢，慢慢地，大人們開始向我們提出了很多建議，一點一滴地打消我們追求目標的想法，想想看，在我們的成長過程中，是否經常聽到下面這些話：

別碰那個！

其實你根本不想要那個，你只是好奇罷了！

那樣會很危險的！

你再這樣我就不理你了！

你這樣做我很失望！

別哭了，你太孩子氣了！

你是我見過最不懂事的孩子!

不管你願不願意，我以後再也不會讓你學裁縫了！否則你以後會想當個裁縫師，太沒出息了！

長大一點之後，漸漸地，我們也不知道自己到底想要什麼了，生活完全成了一齣由別人排演的木偶戲，我們徹底失去了勇氣，付出了所有的理想和快樂，換來的只是安穩和平庸！」

法則之三：行動

「可是這個世界上又有幾個人能夠甘於過平庸的生活呢？」老麥接著說道，「知道爲什麼如今各種心靈勵志類的書籍大行其道嗎？因爲大多數人想要的只是成功在望的感覺，而不願意爲成功付出實際的代價——而這種心靈勵志類的書籍恰好能滿足人們的這種需要！」

「在我的一生中，我曾周遊過世界列國，接觸過很多成功和不成功的人，到了我這個年齡，當我回想這些年來的經歷的時候，我發現決定一個人能否成功的最主要的因素就是：行動，具體來說，行動者與非行動者主要有三個差別——我把它們稱爲『成功者與平庸者的三個區別』。」

 ## 成功者與平庸者的第一個區別

「接下來我會給大家講幾個有趣的小故事，希望對大家能有所啓發。」老麥接著說道。

第一個區別就是責任：那些勇於承擔責任的人往往更容易成功，而逃避責任的人最終很可能一事無成。

一個11歲的男孩在踢足球時踢破了鄰居家的玻璃窗，對方要

求索賠12.5美元。闖了禍的男孩向父親認錯後，父親讓他對自己的過失負責。可是小男孩沒錢，父親說：「錢我可以先借給你，但一年以後要還我。」在隨後的半年時間裡，這個男孩靠打工賺錢，終於還清父親的12.5美元。

這個男孩大家很熟悉，就是後來當選為美國總統的雷根先生。

一個勇於負責的人就像雷根總統一樣，不管什麼環境、什麼條件，他都能明白自己的責任，並且能積極地把它當作一件份內的事情去完成、去彌補。

我們再來看下面這個故事……

一家集團公司招募一名部門經理，經過一番緊張的筆試和面試後，最後留下了3個人。面試地點在總經理辦公室。總經理並沒有問他們關於業務方面的問題，只是富有興趣的帶領他們參觀他的辦公室。最後，總經理指著一只茶几上的花瓶對他們說，這是他剛從一個拍賣會上買來的，花費了好幾萬元。就在這時，秘書走進來告訴總經理，說外面有點事情請他去一下。總經理笑著對三人說：「麻煩你們幫我把這張茶几挪到那邊的角落裡，我出去一下馬上回來。」說完，就隨著秘書走了出去。

既然總經理有吩咐，這也是表現自己的一個很好機會。三人便連忙行動起來，茶几很重，須三人合力才能移得動。當三人把茶几小心翼翼地抬到總經理指定的位置放下時，意想不到的事卻發生了：那個茶几不知怎麼折斷了一隻腳，茶几一傾斜，上面放著的花瓶便滑落了下來，在地上裂成了幾大塊。

三人看著這突如其來的事情都嚇呆了，他們不知道總經理回來後會如果看待他們的辦事能力，而且這花瓶值好幾萬元，弄破了又將在總經理面前如何交待？

就在他們目瞪口呆的時候，總經理回來了。看到眼前的一切，總經理也顯得非常憤怒，臉也氣得有點扭曲，咆哮著對他們吼道：「你們知道你們做了什麼事，這花瓶你們賠得起嗎？！」

第一個應聘者似乎不為總經理的強硬態度所壓倒，直著嗓子

說：「這又不關我們的事，況且我們又不是你們公司的員工，是您自己叫我們搬茶几的。」他用不屑一顧的眼神看著總經理，很不以為然的樣子。

第二個應聘者卻討好似地對總經理說：「我看這件事應該找那個茶几的生產商，生產出品質這麼差的茶几，這花瓶破了應該叫他們賠償！」他也說得理直氣壯，似乎肯定總經理會採納他的意見。 總經理把目光移到了第三個應聘者的身上。不過，第三個應聘者並沒有立即為自己辯解，而是俯身拾起那些碎了的瓷片，把它放在一旁後，然後對總經理說：「這的確是我們搬茶几時不小心弄破的。如果我們移動茶几時小心一點，那花瓶應該是沒事的。」

還沒等他把話說完，總經理的臉卻由陰轉晴，臉上露出一絲笑容，握住他的手說：「一個能為自己過失負責的人，肯定是一個有出息的人，我們公司歡迎你這樣的員工。」

這時，另外兩人才明白，其實這是總經理的一個責任測試，而在這小小的測試面前，他們卻都敗下陣來。

西點軍校認為：沒有責任感的軍官不是合格的軍官，沒有責任感的員工不是優秀的員工，沒有責任感的公民不是好公民。缺乏責任感難免會失職，員工與其為自己的失職尋找藉口，倒不如坦率地承認自己的失職。敷衍塞責，找藉口為自己開脫，會讓上司覺得你不但缺乏責任感，而且還不願意承擔責任。沒有誰能做

到盡善盡美，但是，一個主動承認錯誤的人至少是勇敢的，如何對待已經發生的問題，能看出一個人是否能夠勇於承擔責任。

成功者與平庸者的第二個區別

除了勇於承擔責任之外，要成大事者還必須勇於實踐，懂得行動的必要性。

有一個人由於剛剛獲得工作，對工作很不熟悉，又覺得能力不夠，做起事來總是畏首畏尾的，從來不敢相信自己能夠獨立完成一項工作。他總是希望上司能把指示講得更明確，甚至細化到每一個細節，並總是希望上司能把自己完成工作的時限限定的比別人的長。工作每完成一個步驟就拿到上司那裡複查，覺得自己是新人，如此煩勞上司是不會被怪罪的。然而正是這種看似人之常情的思維，影響了他成長、成熟的速度，也因此讓他丟掉了一份很好的工作。

管理者希望每一個下屬都能有獨立思考的能力。現代企業管理的思路是發揮每個人的聰明才智，往往公司肯錄用新人看重的是他的新思維、新創意，有過人的膽魄，勇於透過自己親身的實踐能更好地完成工作，而不是希望把他培養成隨波逐流的人。橫渡這條山澗實際上是所能遇到過的最簡單的工作了，因為它的目標非常明確，而在實際的工作中，通常你所得到的指令僅僅是一個目標而已，具體實施的程序與方法必須自己去尋找去累積。所

以在踏入工作崗位之初，養成對目標壓力的敏感，養成積極主動工作的習慣，培養善於動腦筋解決自己工作中的問題的能力，將是你以後職業生涯發展過程中享受一輩子的財富。

這個世界上最銳利的武器就是實幹，許多事情都是如此——往往看起來非常可怕的工作實際上根本不堪一擊。

曾經聽過一個很有趣的中國故事。一個老人竟想把自己家門前擋住去路的大山給搬開，即使是現在，都會有人覺得這樣的想法是癡人說夢，更何況是生產工具很不發達的古時候。然而愚公持之以恆的精神最終感動了天神，最後派遣了兩位神仙把愚公家門前的大山移走了。

仔細想想，這並不是一個簡簡單單的神話。任何事情都是如此，只要有勇氣去想、去實踐，才有可能成功。如果連想和做的勇氣都沒有，成功怎能與你為伍呢？

比爾‧蓋茲先生勇於設想電腦終會走進家家戶戶，因此他不斷地在這方面探究，發明新產品，最終實現了自己的夢想。

偉大的美國總統林肯之所以可以廢除黑奴制度，發表《解放黑奴的宣言》，據一段採訪他的筆記上說：「並不是我能夠廢除黑奴制度，在我之前的兩屆總統皮爾斯和布坎南都曾想過廢除黑奴制度，可是他們都沒拿起筆簽署它。如果他們知道拿起筆需要的僅僅是一點勇氣，我想他們一定非常懊喪。」

有些事情一些人之所以不去做，只是因為他們認為不可能。而造成這種想法的一個關鍵因素就是常識。

常識的羈絆

「常識能夠幫助我們融入我們所處的環境，」老麥說道，「但它也會經常蒙蔽我們。當你們進入任何一個新的環境的時候，一定要記住這一點：每個人都認同的道理未必一定是真實的，所以凡事我們都要努力形成自己的判斷──而對於想有所作為的年輕人來說，開始新的人生之旅之前的一個重要訓練就是要學會打破常識。」

一邊說著，老麥一邊抬頭看了看不遠處的太平洋，聽著波濤傳來，老麥好像陷入了久遠的回憶之中，「一百多年前，遠在太平洋對岸的中國流傳著一個故事，說在大洋的西岸，也就是我們這裡，有一座金山，黃金遍地，滿山珠寶，來到這裡的人都可以成為大富翁，於是人們開始集群而來，為了籌集船資，他們變賣了家產，拋棄了妻兒，忍饑挨餓地在大海上漂流，其中很多人都在這漫長的海上航行中送掉性命，最後呢？當他們來到這裡之後，立刻被全部關進監牢，就是金門大橋外面的魔鬼島，被囚禁了兩年之後，才有一部分人能夠幸運被釋放出來，發落到礦山當苦工……幾乎所有來到這裡的人都後悔，可是『海外有金山』的謠言依然在他們的家鄉流傳著……」

「真相有時會隱藏在一堆謠言之中，不是嗎？」老麥好像也感覺話題有些沉重了，「不知道你們聽說過『傳統智慧』這種說法沒有？」

大部分都搖了搖頭，人群迷惑地看著老麥，似乎是在鼓勵他接著說下去。

「這是著名的經濟學家加爾佈雷斯首先提出來的一種說法，」老麥揮了揮手裡的木棍，用力在地上敲了敲，像是為了表示對這位經濟學家的尊重，然後接著說道，「所謂傳統智慧，就是指那些雖然沒有經過印證，但因為是出自那些有權有勢的大人物之口，所以就被當成真理信奉的說法。記得20世紀80年代早期，一位名叫米奇·斯尼戴爾的人開始為美國無家可歸者奔走，他宣稱美國當時至少有大約三百萬人無家可歸。公眾立刻對這件事情產生了關注。至少有超過1%的人無家可歸？這數字聽起來確實有些太高了，可是既然這是專家的統計資料，那應該是不會錯的，於是這個話題立刻引起了全國上下的關注。斯尼戴爾甚至跑到國會面前力陳此事的嚴重性。據說他還曾經在演講的時候告訴那些大學生聽眾，說每秒鐘會有45名無家可歸的人死去——也就是說，美國每年都會有14億名無家可歸人士死亡（當時的美國人口總數為2億2千5百萬）。最後，當有人質問斯尼戴爾該統計資料的真實性的時候，他終於承認是自己捏造的，只是記者們一直在追問他具體的資料，他不想讓他們空手而返⋯⋯」

聽到這裡，人群中發出了「哦」的驚叫聲，大家似乎對此感

到難以置信，可是老麥似乎早就料到了這種反應，只見他微微笑了笑，接著說道：「類似的事情並不罕見，這樣的事情在我們的社會中有很多，大到政府的公共政策、媒體宣傳、商業廣告，小到家人的建議、同事的說法、鄰里的評價，都會影響我們的決定，不是嗎？記得在我小的時候，那個時候黑人不許跟白人坐同一輛車，不許跟白人上同一所學校，更不能交朋友，我們曾經認為黑人是下等人，幾乎我周圍的人都這麼說……相信今天大多數都認為這種想法是非常可笑的，可是在當時的情況下，卻很少有人能夠保持清醒，能夠在各種言論的包圍之中保持自己的判斷……」

「好了，我可不想讓自己變成一個傳教士，」老麥轉過身去，一邊示意大鬍子帶著大家往前走，一邊說道，「我們接下來還有一個更精彩、更刺激的遊戲……」

「那成功者與平庸者的第三項區別呢？」老鼠妹妹瞇著眼睛問道。

「呵呵，這個嘛……」老麥笑著說道，「我想先讓大家想一想，當然，如果願意的話，你們也可以在我的電子報裡尋找答案。」

老麥的電子報

情緒的力量

成功者與平庸者的第三項區別在於：成功者往往更加善於用情緒的力量去影響周圍的人，而平庸者只會被周圍人的情緒影響。

大家肯定知道上面所說的當今世界第一名成功導師安東尼·羅賓吧！他是典型的我們所說的善於用情緒去影響別人的人，而且是最成功的人！我們先來瞭解他的成功歷程。

安東尼·羅賓（Anthony Robbins）本來是一名貧窮潦倒的年輕人，26歲時仍然住在僅有10平方公尺的單身公寓裡，洗碗盤也只能在浴缸裡洗，生活一團糟，人際關係惡劣，前途十分暗淡。

然而自從他發現內心蘊藏著無限的潛能之後，生活便開始大為改觀，成為一名充滿自信的成功者。

如今，他是一位白手起家、事業成功的億萬富翁，是當今最成功的世界級潛能開發專家。

他協助職業球隊、企業總裁、國家元首激發潛能，度過各種困境及低潮。曾輔導過多位皇室的家庭成員，被美國前總統柯林頓、戴安娜王妃聘為個人顧問；曾為眾多世界名人提供諮詢，包括南非總統曼德拉、前蘇聯總統戈巴契夫、世界網球冠軍安德列‧阿格西等。

1995年，安東尼‧羅賓當選為「美國十大傑出青年」，1994年，獲評傑出人類活動家與「布萊恩‧懷特公正獎」。1993年，Toastmaster International評為「全球五大演說家」；1995年，被授予其最高獎項「金錘獎」。

安東尼‧羅賓先生發現潛能，激勵別人積極利用自己的潛能，他靠的是什麼呢？對，就是在各種演說中熱情洋溢的激情！他用自己的情緒影響了數億百萬的人！那麼情緒究竟是什麼東西呢？情緒就是人對客觀事物的態度體驗及相對的行為反應，它是人腦的高級功能，與其他的心理過程有複雜的相互作用關係，進而保障個體的生存和發展，並對個體的學習、記憶、決策有著重要的影響。

如果情緒能被妥善運用，是可以使人生變得更好的。必須先使它臣服，受你駕馭。情緒既是生命的一部分，就像我們的手與腳、過去的經驗、累積了的知識能力等，是為我們服務，使人生更美滿的。到今天，你當然擁有很多能力，在很多事情上，你都

有自信、勇氣、衝動,或者是冷靜、輕鬆,或者是堅定、決心,也或者是創造力、幽默感,更或者是敢冒險、靈活、隨機應變……所有的能力,細想一下,你會發覺都是一份感覺,沒有這份感覺,我們即使具備了這些資源也不會去用,或者用不好。

也許大家會問,為什麼自己的情緒會影響別人呢?這就是情緒的同化效應。

良好的情緒控制能力能產生一種同化效應。同化效應是指集體成員在活動中接受了某人的潛移默化的影響,不知不覺地產生了與他要求一致的態度與行為。

一、模仿。在集體生活中,模仿是指在集體的一定刺激的影響下而產生與他人相似的行為。模仿一般分為自覺模仿和無意識的模仿。自覺模仿是在集體的號召下產生的;無意識的模仿則是一種不知不覺的模仿。一般來說,如果你是一個開朗、活潑的人,那麼,你的情緒就會影響你身邊那些內向的人。經過一段時間的接觸,你會發現,他也開始變得有說有笑了,而這些正是受到了你的感染,而對你進行了模仿。

二、暗示。情緒暗示是指在一定條件下,用含蓄的、間接的方式對別人的心理或行為產生一定的影響,進而使其出現與你的

意志相一致的傾向。我們每個人都有一種暗示性，它是我們生活中十分普遍的心理現象。一個人能否接受你的暗示影響，主要和以下因素有關：

1.主觀因素。主要受你的性格、智力水準和對暗示的意識程度等。缺乏主見的人容易接受暗示，而自主性較強的人則不易接受暗示；聰明的人比較容易接受暗示，而反應遲鈍的人則不易接受暗示。

2.客觀因素。如果你能把情緒控制得很好，以此來感染你周圍的人，那麼你的威望也會越來越高，接受暗示的人數越多，他們會成為你的跟隨者、支持者，有了他們的支持，你成功的希望就越來越大。

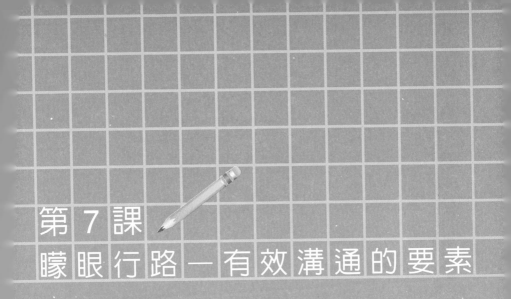

第 7 課
矇眼行路─有效溝通的要素

活動介紹

目標：穿越一段長約800公尺的崎嶇山路

場景：一條又濕又滑的山間小路，兩旁有枯樹，淺淺的山溝，還有灌木，路上有積水，小路的上偶爾會有垂下來的枯枝

人數：20人，分為10個小組，每組兩人

道具：一塊用來蒙住眼睛的黑布

要求：將20人分為10個小組，每組一男一女，男性用黑布蒙住雙眼，由女性在前指路，帶領男性通過這段山路。需要注意的是，女性在指揮的過程中不得以任何方式接觸男性

時間：15分鐘

世界最難走的一段路

正當老鼠妹妹仍然瞇著眼睛沉浸在飛渡的驚險與刺激的時候，大嗓誇張的「哇哦」聲把她帶回了現實——只見布萊德從口袋裡掏出了一大把黑色絲綢帶，那樣子好像是矇面俠—蘇洛的眼罩。

「So cool!」大嗓好像沒有看到老鼠妹妹的白眼，繼續誇張地叫道，「難道是要我們扮演蘇洛？」

「我覺得讓你扮演破鑼更合適！」老鼠妹妹冷笑道。

大嗓的熱情似乎並沒有因為老鼠的這句話而受到絲毫影響，繼續跳躍著準備發言——正在這時，布拉德發言了。

「接下來要做的是一個行走遊戲……」

「走路誰不……」大嗓剛喊出了四個字，就被布萊德‧彼特用白眼打斷了。

只聽布萊德清了清喉嚨，接著說道，「遊戲的規則是這樣的：先請大家分好組，兩人一組，一男一女，好，現在就請分組吧！分完之後我再告訴大家具體的比賽內容！」

布萊德的話音剛落，只見老鼠妹妹迅速向距離大嗓最遠的地方走去，「來，你們兩個一組吧！」老麥一手拉著大嗓，一手拉

著老鼠妹妹。

「請問我犯什麼錯了嗎？」老鼠妹妹臉憋得通紅。

老麥微微笑了一下，「這將是一個很好玩的遊戲，待會兒你們就知道了。」

「有這麼一個搭檔，」老鼠好像仍然很難接受這個事實，「我覺得我很難把任何遊戲跟好玩這兩個字聯繫在一起。」

整個分組活動並沒有因為老鼠妹妹的不情願而受到影響，很快，分組完成了，老鼠妹妹最終跟大嗓分在一組，我的搭檔則是大白兔。

「遊戲的規則是這樣的，」布萊德一邊督促著大家站到自己的隊友身邊，一邊接著說道，「我會發給每個男生一條黑帶，由女生幫男生把黑帶綁到自己的眼睛上，記住，一定要綁緊。」

「好了，就是這樣，然後大家開始行動，我們的目標是要在十五分鐘內前進到下一個遊戲地點，請先稍等一下……」看到大嗓有些蠢蠢欲動，布萊德急忙制止道，「由女生們來指路，妳們可以用任何方式、任何語言，但只有一點——不可碰觸男生的身體，也就是說，妳們只能透過口頭交流的方式來為男生指路，誰最先到達目的地，誰就是這場比賽的贏家，屆時會有神秘獎品……」

布萊德的話還沒說完，大嗓已經邁開腳步走了出去，老鼠妹妹也只好拔腳追了上去，大嗓走得還挺快的，全然沒聽到後面傳來布萊德的喊聲，「一定要小心，路很滑，而且有個下坡……」

布萊德的話音剛落，只聽拐角處傳來「砰」、「啊」的聲音，「大嗓怎麼了？」老鼠妹妹加快腳步來到大嗓的旁邊一只見大嗓的頭頂的一根樹枝撞了個正著。

「沒關係……」大嗓一邊揉著腦袋，一邊指揮道，「妳趕緊走到前面去，幫我指路！」

「好啦……」老鼠妹妹拉著長音走了過去，開始唱起歌來，「哥哥你大膽地往前走啊！往前走，莫回頭呀！然後你再……」

「見鬼啦！」大嗓打斷道，「好好指路……」話音未落，只聽「啪嗒」一聲，大嗓跌了個狗吃屎。

就在大嗓跌倒的同時，只聽老鼠妹妹的後半句飄了過來，「……抬起腳啊！」

就這樣，在隨後的十幾分鐘裡，整個山谷中四處迴蕩著大嗓的哀號聲和老鼠妹妹的盈盈笑語，「跟你說往左邁一小步嗎？」

「丫頭，妳不要面對著我說這樣的話好嗎——每當妳說左右的時候，我總是很茫然，搞不清到底是妳的左邊還是我的左邊……」

「丫頭，拜託妳讓我抬腳的時候，告訴我抬多高可以嗎？」

「死老鼠，到底走幾步啊？」

「親愛的老鼠妹妹，妳在哪裡啊？怎麼沒有聲音了？」

……

老麥的問題

「有誰能告訴我，」還沒摘下眼罩，大傻已經聽到了老麥熟悉的聲音，「你們是否感覺到溝通有時候是一件很困難的事情，比如說在跟家人、朋友、同學、老師們溝通的過程中，你們會覺得你很難讓對方明白你的意思，或者是你會感覺很難明白對方的意思？」

這個問題好像頗能引起共鳴，老麥的話剛一結束，人群中立刻哄然一片。

「當然是這樣的！」

「好像有過！」

「這種情況太多了！」

「我經常感覺父母並不瞭解我們，而同學們之間溝通起來要容易多了……」

「有必要跟人溝通嗎？什麼事只要自己明白不就行了？」

「謝謝你們的配合，」老麥說道，「接下來，我還想請你們幫個忙，我想請問，你們當中有誰能夠舉出幾個溝通障礙的例子呢？」

「我來!」

「我可以!」

「我想起了一件事。」

「哦,對了⋯⋯」

 老莎莉文的苦惱

美國的學生總是比中國學生活躍,他們似乎總是在把一次發言看成是一次表演的機會。

「誤解真是讓人傷腦筋,有時候我感覺人跟人之間的差距真的很大。」一個長得很帥氣的西班牙男孩在旁邊插嘴了,「我在上課的時候也曾經遇到過這樣的情況。記得有一次上歷史課,老師講得非常精彩,大家聽得都很開心,講到大約一半的時候,可能是為了調節氣氛吧?老師就說了一個笑話,她講得棒極了,大家哄堂大笑,我也大笑著搓了一個紙團朝老師身上扔過去⋯⋯」

「哦!這可不妙,」老麥說道,「我想老莎莉文不會喜歡的!」

「一點也沒錯,老師立刻變得好嚴肅,冷冷地瞪了我一眼,眼睛裡充滿了一種說不清是責備還是失望的感覺,雖然她並沒有

說什麼，可是當時的場面確實變得非常尷尬！」

「那你到底為什麼那麼做呢？」有人說道，「畢竟，你的做法確實顯得不夠尊重老師啊！」

「不尊重？」西班牙男孩大叫起來，「我絕對沒有這個意思，你知道嗎？在我生活的那個社區裡，大家把相互扔紙團作為一種讚賞的方式，就像表演結束之後向演員獻花一樣……」

大嗓的遭遇

「類似的事情我也碰過，」大嗓若有所思地說道，「還記得學校附近的那家披薩店嗎？我今年耶誕節的時候曾經在那裡打工過一段時間……」

「就是隔壁高中門口的那家披薩店吧！那裡的老闆是我的好朋友！」老麥微笑著說道，「我知道他的店佈置得很有意思。」

「是的，有一天中午，由於店裡客人不多，所以我就邀請幾位同學到店裡參觀，帶著他們到處看店裡那些有趣的佈置，大家一邊看，一邊不停地稱讚，我也為老闆的店感到自豪，可是你猜怎麼了，就在這個時候，老闆居然當著同學們的面把我大罵了一頓，說我不應該在上班的時候邀請同學……」

「那你的本意是什麼呢？」老麥問道。

「我本來是想向同學展示一下這家店是多麼的與眾不同啊！」大嗓回答道。

 ## 莎爾門的誤會

這時老麥注意到坐在旁邊的一位柬埔寨男孩想要發言,於是他就打斷道:「讓我們聽聽莎爾門的故事吧!」

「我也想到自己親身經歷的一件事,這件事情對我影響很大,」看到那麼多人都把目光集中到自己身上,莎爾門還真有些不習慣,「那是在上中學的時候,要知道,我是在柬埔寨讀的中學,記得有一次,老師要我和另外一位同學到講臺上進行翻譯練習,由於老師已經在黑板上寫滿了字,於是我只好先用板擦把黑板擦乾淨,可是當我轉身想把板擦放在講桌上的時候,不小心在老師的肩膀上掉了一些粉筆灰,這讓我感覺有些驚慌,於是我趕緊輕輕地拍了拍老師的肩膀,這時坐在下面的同學開始有人小聲笑了起來,只見那位老師突然轉過身來,瞪大眼睛看著我,厲聲問我在做什麼,我一下子嚇呆了,還沒等我解釋,老師就把我趕出了教室,宣稱以後再也不希望在他的課堂上見到我……」

一說起這件事情,莎爾門的聲音就不禁變得激動起來,彷彿眼前又浮現出他被老師當著全班同學的面趕出教室的情景。

「你們之間的誤會在哪裡呢?」旁邊一位同學問道。

「我之所以拍他的肩膀,是想把他肩膀上的粉筆灰拍掉……」

「那麼你的老師……」旁邊那位同學接著說道。

「他以為我是故意用板擦在他的肩膀上抹粉筆灰，因為在我就讀的那所中學裡，確實曾經發生過這樣的事情。」

說到這裡，莎爾門的聲音再次激動起來。

遊戲中的領悟

「非常感謝你們跟我分享自己的故事，」老麥說道，「不知道你們有沒有統計過，在剛才的遊戲中，你們遇到過哪些溝通上的障礙？」

「的確太多了！」人群立刻又七嘴八舌地議論起來。

「我記得有一段路，當我的搭檔站在我對面告訴我向左跨一步的時候，我根本不知道該往哪裡跨——要知道，她當時跟我面對面站著，所以我根本不知道她是在指她的左邊還是我的左邊。」

「還有，在經過那個小水溝的時候，我的搭檔告訴我要向前跨一大步，然後我就跨了一大步，結果一腳踏進水溝裡——要知道，我的一步可比她的一步大很多啊！」

「在經過那片小樹林的時候，

我的搭檔告訴我可以大膽地往前走，說這是一片空地，結果呢？」這位同學一邊說著，一邊揉了揉腦袋，「我一下子就撞上了一根樹枝。」

「呵呵，想必那是因為你個子太高了吧！」老麥說道。「你的搭檔根本不會意識到頭頂的樹枝會碰到你的腦袋——那些樹枝離她還很遠呢！」

「是的，所以你們看，結果就是這樣……」高個子一邊揉著腦袋，一邊抱怨道。

「這還不算，如果你們的搭檔在跟你們交流的時候使用一些模糊語言的話，那難度恐怕就會更大了吧……」老麥一邊聽著大家的議論，一邊提示道。

「是的，因為不同的組合之間還要進行比賽，所以記得我的搭檔曾經告訴我要『稍微加快一些速度』，我可不知道她所謂的『稍微』到底是指什麼速度，於是我就開始小跑步起來……」

「結果呢？」老麥笑著問道。

「結果我被一根樹椿絆倒了……」

「顯然，你們在剛才的遊戲中遇到了各式各樣的問題，」老麥總結道，「在現實生活中，我們遇到的問題會更多，剛才的情況只不過是一種極端的體現罷了。」

有趣的方程式

　　「記得德國一位心理學家曾經提出一個有趣的方程式，$y = ax$，」老麥一邊說著，一邊用手裡的木棍在地上畫了起來。「我會在我的電子報裡向你們詳細介紹這個方程式，可是我在這裡還是要簡單地說一下，我們知道，人是一種思維動物，總是根據自己所接收到的資訊做出相對的決定，並採取相對的行動，如果說 x 是我們從外界接收到的資訊的話，那麼 y 就是我們的最終反應。我說得清楚嗎？」

看著同學們若有所思地點了點頭，老麥於是接著說道，「至於a呢，就是我們自身的思維係數，人跟人之間之所以會出現或多或少的溝通障礙，原因就在於a的作用。打個比方，剛才莎爾門說他曾經試圖幫老師擦去肩膀上的粉筆灰，結果卻被老師趕出了教室，對吧？」

老麥一邊說著，一邊對莎爾門點了點頭，「顯然，對於同樣的x，你的同學們和你的老師所最終產生的y是不同的，你的同學們把你的行為解釋成一種善意的行為，而你的老師卻把它解釋為你是在惡作劇……」

「因為我們的a是不同的！」莎爾門說道。

「一點也沒錯！」老麥贊同道，「我們可以用這個方程式式解釋很多事情，想想看，你上一次在生活和學習中遇到溝通障礙的時候是怎樣的情形，你可以怎樣用這個方程來解釋呢？」

小飛行員的選擇

「下面我要跟大家分享一個流傳很廣的故事。據說法國有一家電視臺曾經做過一期節目，節目的嘉賓是一個小孩子，在節目進行的過程中，爲了活躍氣氛，主持人問道，『假設你正駕駛著一架飛機，飛機快沒油了，而飛機上只有一副降落傘，這時你會怎麼辦？』主持人滿心期待著孩子會給出一個極富愛心的回答，可孩子卻說道，『我會讓所有乘客都坐在原地，繫好保險帶，然後我背上降落傘跳出去……』」

「孩子還沒說完，主持人就預感自己會有麻煩了，」還沒等有人打斷，老麥接著趕緊說道，「好像實在忍不住了，他急忙表明自己的立場，『天啊！我沒想到你是一個這麼自私的孩子，你真的太讓人失望了……』」

「是啊！的確很讓人失望！」

「我爲這孩子感到難過！」

「這孩子難道不知道自己是在做節目嗎？」

同學們紛紛說道。

「我相信當時主持人和臺下的聽眾一定也跟你們的想法一樣，可是就在這個時候，孩子說了一句話，一下子讓主持人尷尬

不已……」

　　說到這裡，老麥停頓了一下，好好享受了一下同學們期待的目光──他好久沒在課堂上有過這種感覺了。「孩子說，『等找到油之後，我就會返回飛機，帶著乘客們安全降落！』」

被困山頂的滑雪愛好者

「很多人都是這樣，我們太容易從自己的角度去理解他人。記得我去年新年的時候，我曾經在瑞士的滑雪勝地聽說過一件非常有趣的事情。」

「據說就在我到那裡的前幾天，有一位滑雪愛好者『被困』在山頂，到了半夜還沒有下來，滑雪場的巡邏人員在空中巡視滑雪場地的時候發現了這件事情，於是急忙打電話給山下的安全部門，一時之間，救援人員在山頂上展開了聲勢浩大的搜索，並很快找到了那位『遇難者』，可是出乎所有人意料的是，當救援人員想要把這位『遇難者』帶到山下的時候，對方卻一邊試圖奮力掙脫救援人員，一邊大聲叫嚷著，你們知道是怎麼回事嗎？」

「後來翻譯告訴救援人員，原來這位遊客並非真正的遇難，他是一位虔誠的信徒，他之所以想留在山頂過一夜，是因為他認為那裡是最接近上帝的地方，在那裡住一夜可以讓他的心靈得到淨化……」

「事實上，」老麥神情一轉，又恢復了上課時的樣子，「人跟人之間的溝通本來並沒有那麼困難，很多人之所以覺得現代社會人與人之間的溝通越來越困難，是因為他們根本不願意去瞭解別人，更不願意去跟別人建立同理心。」

現代人的圍牆

「我的一位朋友『被認為當代最著名的世俗哲學家』的弗格曼，曾經在1999年的時候進行過一場名為『現代人的圍牆』的全國性的巡迴演講，他的演講受到了空前的好評，場場爆滿，一票難求，聽眾表現出了空前的熱情，越來越多人開始流傳他的演講內容，後來他的演講還被錄製成了錄音帶和錄影帶，暢銷一時……」

「在弗格曼看來，隨著生活節奏的加快以及生活壓力的加大，現代人正日益在自己的周圍樹立一道巨大的圍牆，我們不願意跟人溝通，不願意去瞭解別人，也不願意敞開心扉，讓別人來瞭解我們，人們的溝通能力正在迅速下降，這種自我封閉成為現代人的一個痼疾。有人以為網路技術的日益發展會促進人與人之間的溝通，可是事實恰恰相反，網路的發展反而使得人與人之間的溝通越來越困難──越來越多的人選擇透過網路傾訴，反而在現實社會中越來越封閉。」

「在他的演講當中，弗格曼曾經談到過一個故事，這個故事後來被廣泛地流傳開來，故事中的主角也成為一個理想的模範人物，我也把這個故事作為每年在『紅杉林中的最後一課』中送給學生們的一件禮物，下一個遊戲的場地還在佈置中，利用這段時間，我想請大家看一個故事，然後說出你們的感想。」

一邊說著，老麥一邊向鬍子賓打了個手勢。

很快，每個人手裡都拿到了一張紙，紙上寫道：

祝您聖誕快樂！

麥琪是一位善良而美麗的女孩子，她出生於紐約，十七歲那年，由於經濟不景氣，她的父親失業了，家裡一時失去了經濟來源，無奈之下，麥琪只好中斷學業，去找一份工作。

我們知道，在經濟不景氣的時候，一位沒有任何工作經驗的女孩子要找到一份工作是一件很困難的事。

在經歷了一次又一次碰壁之後，麥琪終於在一家珠寶店找到了一份為期一個星期的聖誕促銷短期工作。這份工作得之不易，而且聽說如果表現好的話，主管還會在耶誕節之後考慮正式聘用她，所以在這一個星期裡，麥琪每天都很勤奮，她熱情地招呼客人，耐心地回答問題，不放過每一個可能達成銷售的機會。

就在耶誕節的那天晚上，幾位貴婦人來到店裡，她們看中了

幾枚戒指，於是麥琪就把這些戒指拿到櫃檯上，一一詳細地向她
們介紹。

可是這天她似乎很不順利，半個小時後，貴婦們什麼也沒買
就離開了，麥琪覺得有些沮喪，在把戒指收回櫃檯的時候，她一
不小心把戒指掉到了地上，六枚戒指散落一地。

還好，主管沒有注意，麥琪急忙開始四處尋找，最後終於找
到了五枚戒指——還差一枚！

一時之間，麥琪突然想起，就在
她向幾位貴婦人展示戒指的時
候，旁邊似乎有個年輕男子，
她記得當時那個男子看到
這些戒指時的目光─那
目光裡充滿了焦慮和希
望……

謝謝妳！也祝妳聖誕快樂！

正在這時，她抬
頭一看，發現那個男子
正朝門口走去，於是她
急忙走了上去。

「先生！」 麥琪
叫道，那個人突然一
轉身，臉上流露出一種

尷尬和恐懼交雜的神情。

「對不起，先生！」麥琪說道，「我只是想跟您說聲聖誕快樂！」

「聖誕快樂！」麥琪接著說道，「在現在這個年頭，我們連找份工作都不容易啊！願我們一起平安地度過這段時間，祝您聖誕快樂，希望您能找到一件讓您的心上人驕傲的禮物！」

只見那個人沈默了一下，滿臉通紅，然後他走到麥琪面前，握住她的雙手，激動地說道：「謝謝妳！也祝妳聖誕快樂！」

等年輕人轉身離開之後，麥琪回到櫃檯後面，把手裡的那枚戒指放到了櫃檯裡面……

老麥在一旁靜靜地觀察著大家閱讀這個故事時的神情，等到確信所有人都讀完了之後，他問道：「好了，有誰能跟我們一起分享一下自己的感想呢？」

整個人群都興奮不已，嗡嗡地響了起來……

「要是老爸能在上次我帶女朋友回家的時候這麼理解我就好了！」

「要是上次本沒有陪我去參加舞會的時候，我不對他發脾氣就好了，那樣我們就不會分手了！」

「我真想對蘇珊說聲對不起，我想她那次接電話的時候一定是電池沒電了，或者是她的手機由於其他原因出現了故障！」

「我想爸爸上次沒有給我買那輛車一定是有其他原因，我知道，最近他的部門出現了問題，他在工作上不是很順利！」

……

老麥一邊聽著大家議論紛紛，一邊建議道：「為什麼不把這些東西寫下來呢？我建議你們把自己的想法寫下來，然後把它寄給當事人，讓他（她）知道你現在是怎麼看待對方的行為的……」

「好了，關於如何衝破這面『傻瓜的圍牆』，我想我還是把我的建議留在電子報裡面解決吧！時間不多了，我們現在去下一個遊戲地點吧！」

老麥的電子報

衝破「傻瓜的圍牆」

大家先聽一下這個小故事：

一位教授精心準備一個重要會議上的演講，會議的規模之大都是他平生第一次遇到的。全家都為教授的這一次演出而感動，為此，老婆刻意為他選購了一套西裝。晚飯時，老婆問他西裝合不合身，教授說上衣很好，褲子長了約兩公分，還能穿，影響不大。

晚上教授早早就入睡。老媽卻睡不著，擔心兒子這麼隆重的演講，褲長了怎麼行，於是翻身下床，把西裝的褲腳剪掉兩公分，縫好燙平，然後安心的入睡了。早上五點半，老婆睡醒了，因為家有大事，所以起得比往常早些，想起老公西褲的事，心想時間還來得及，便拿起西褲又剪掉兩公分，縫好燙平，愜意的去做早餐了。一會兒，女兒也早早起床了，看媽媽的早餐還沒有做好，就想起爸爸西褲的事情，想想自己也能為爸爸做點事情了，便拿來西褲再剪短兩公分，縫好燙平……

這個故事大家聽後肯定覺得很滑稽，但是大家想過為什麼

嗎？故事中的人物們因為溝通不良，付出了三倍的勞力得到的結果卻是廢了一條褲子。究其原因，首先教授沒有明確目標和分工──褲子要不要修剪，由誰來修剪，其次是老媽、老婆、女兒在行動之前沒有徵詢家庭其他成員的意見，所以造成吃力不討好的結局。

那麼為什麼人跟人之間如此難以溝通？其實是我們所有人的大腦中存在著一面「傻瓜的圍牆」，它會使大腦在無形之中拒絕接受自己不願接受的意見和資訊，總以為自己瞭解得已經很全面了，殊不知，自己只活在自己的狹小空間和想像裡。我們知道，現實的世界是一個人與人構成的世界。與這個世界溝通，實質上就是與這個世界上的人進行溝通，而且必須是有目的的溝通。那麼怎麼樣才能更好的實現溝通呢？我認為就是找到同理心，在人際的相處和溝通裡，「同理心」扮演著相當重要的角色。同理心（empathy）是一個心理學概念，最早由人本主義大師卡爾羅傑斯提出。同理心是在人際交往過程中，能夠體會他人的情緒和想法，理解他人的立場和感受並站在他人的角度思考和處理問題的能力。

其實，同理心就是人們在日常生活

中經常提到的設身處地、將心比心的做法。無論在人際交往中面臨什麼樣的問題，儘量瞭解並重視他人的想法，就能更容易得找到解決方案。尤其是在發生誤解和衝突時，當事人如果能把自己放在對方的處境中想一想，也許就可以瞭解對方的立場和初衷，進而求同存異、消除誤解了。

瞭解別人或對方的需求和興趣，在溝通時明白「人們首先關心的是自己」這一常識是你與其他人交往的基礎，也是生活的關鍵所在，它能給予你和他人交往的智慧和技巧，它能使你掌握人生的真諦，它能讓你擁有更多的朋友，它能使你把握住成功的秘訣。

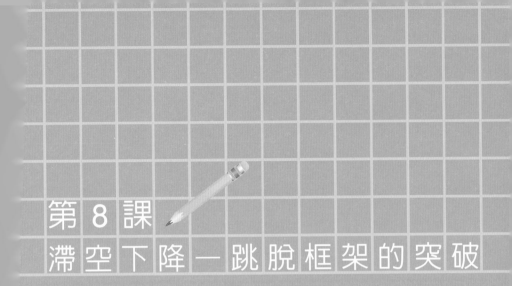

第 8 課
滯空下降—跳脫框架的突破

活動介紹

目標：體驗高空下墜

場景：一棵高約40公尺的紅杉樹，一根長約80公尺的紅杉樹斜靠在它的上面

人數：20人

道具：所有的下降器具

要求：用到所有的道具，安全地將所有人從地面運送到樹頂，再由樹頂直線送回到地面

時間：不限

40公尺高的大樹

「日落西山紅霞飛，戰士打靶……」伴隨著大嗓討厭的歌聲，隊伍行進到了一片看起來像是伐木工廠的地方。

只見一棵近80公尺高的紅杉樹斜倒在另一棵高約40公尺的大樹上，跟地面形成了一個巨大的三角形。

在這棵傾倒的杉樹腳下，老麥和布萊德·彼特，還有鬍子賓早已經在那裡等著了。

「這將會是一個比較刺激的遊戲！」鬍子賓說道，「可能大家已經注意到了，這棵倒下的杉樹上釘著一排鉚釘，然後用一條繩子把這些鉚釘穿了起來，我們的任務就是……」

鬍子賓一邊說著，一邊跳上了倒下的這棵杉樹，「喏，你們看，就像我這樣，請大家把這個皮帶繫在自己身上，用皮帶上的繩扣扣住鉚釘上的這條繩子，然後用力拉住繩子往上走，聽明白了嗎？」

大嗓張了張嘴巴，好像要說什麼，但想了想，又停住了。

「既然沒有問題，那我先走了，我們樹頂上見！」話一說完，只見鬍子賓身形幾個起落，蹭蹭蹭地竄過沿著三角形的斜邊，消失在樹頂的那片樹葉裡。

大家紛紛依樣畫葫蘆，一個個來到樹頂，一路有驚無險，個個平安抵達，其中細節暫且不表。

 # 白兔的驚叫

一行人來到樹頂之後，只聽一向文靜的白兔姐姐突然叫了一聲哇！

眾人循著她的聲音望去，原來鬍子賓要我們玩的是高空墜落的遊戲──讓我們繫著繩子從40公尺的高空墜落！！

「Don't be afraid!」鬍子賓微笑道，「這個遊戲玩了十幾年，從來沒有出現過任何一次意外！」一邊說著，鬍子賓一邊四處打量了一下，眾人紛紛躲開他的目光，大嗓更是一下子藏到了白兔姐姐的背後。

「來，大嗓，請你來示範一次吧！」

只見鬍子賓手法熟練地把一個類似於背包的東西綁在已經僵硬的大嗓的身體上，然後輕輕推了他一下，「來，到這裡來！」

大嗓兩腿發直地移動到鬍子賓指定的位置，緊閉雙眼，「來，慢慢倒下去，讓你的身體懸空，跟地面平行……」

「什麼！」大嗓顯然覺得自己被陷害了，嗓音裡透出一股憤

怒和驚恐。

「就這樣，沒關係的……」鬍子賓的態度相當沈著，「來，看著我，沒事的！」

大嗓迅速地睜開眼睛，他只看到了藍天、白雲……（當時負責在地面接應的同學告訴我，就在大嗓快要落地的時候，天上好像飄落了一些帶有異味的水滴）

……

很快，所有人馬陸續完成了高空墜落，集聚到了老麥周圍。

 ## 紅杉林講座

「非常抱歉，或許剛才這個遊戲太驚險了，」老麥一邊儘量忍住笑，一邊說道，「聽說剛才都有人尿褲子了！」

「依舊遊戲結束之後，我們還是要來一段『紅杉林講座』。只

是我接下來要講的東西可能跟剛才的遊戲關係不大──事實上，在我看來，只有在經歷了剛才的遊戲之後，大家才能更加深刻地體會到我要講的內容中的含義。」

「不知道大家有沒有聽過一個故事，在遙遠的東方，有一個小和尚，每天的任務就是打掃院子裡的落葉，一個秋天的早晨，小和尚起來把院子裡的落葉掃乾淨了，可是剛過半個小時，秋風一起，樹葉又落了一地，小和尚又掃了一遍，可是沒過半個小時，秋風又起了……這下子小和尚沒有耐心了，『師父，反正秋風還會再起，現在掃樹葉又有什麼用呢？』老和尚微微一笑，『你吃過飯了嗎？』『還沒呢！』小和尚回答道，『那就別吃了！』『為什麼呢？』小和尚驚訝地問道。『反正還會餓，又何必吃呢？』」

這是一個典型的禪學故事，它講的是要我們學會關注當下，做好邊的事。有人問一個禪師，什麼是關注當下？禪師回答，吃飯就是吃飯，睡覺就是睡覺，這就叫關注當下。

就拿剛才的遊戲來說，實際上我們的疑慮和恐懼都是來自於自己的臆想，可以毫不誇張地說，是那些沒有發生的事情影響了我們眼前的行動。要想克服這種疑慮和恐懼，唯一的辦法就是學會關注當下，做好我們手邊的事。

從天而降的財富

　　有個人天天期盼著發財，希望上帝某一天能讓他一下子獲得幾百萬。想想看哪有這麼便宜的事，天上掉下錢，你也得考慮被錢砸傷的風險，而且還得有個命中率啊！

　　他天天想，天天盼，可是這種好運氣自始至終都沒能眷顧他。鄰居們看他那副不務正業、荒廢時光的德行，就跟他開玩笑說：「你在家這樣天天等也不是辦法，還不如到田野裡去看看，畢竟外面的天空要廣闊的多，獲得財富的機率也大，而且你的渴望被上帝看到的可能性也很高。」

　　那個人一聽覺得有道理，便跑到一棵樹下等他的財富。這時一隻烏鴉飛停至此，「哇哇」的大叫著。那個人很會聯想，以為烏鴉是上帝派來送寶的，在對自己說：「張嘴啊！張嘴啊！」於是他仰起頭，長大嘴巴，等待著。說也奇怪，那隻烏鴉不偏不斜在他嘴裡了放一灘屎，然後高叫著飛走了。

　　對於一個剛剛畢業，滿腔熱情、滿腦子幻想、對未來充滿憧憬的年輕人來說，似乎未來往往要重於眼前，把握好通向自己夢想的機遇要比做好眼前的任何一件事都迫切得多。錯了，我建議你還是早點拋開你那些不切實際的想法，趕快抓住眼前的時間，做好每一件你必須要做的簡單而又平凡的事情吧！如果你抱持太多夢想，但又不付諸行動，夢想就會變成空想，回報你的也將是一灘鳥屎。

阿蘭・拉金的建議

關注當下的另一層含義是把手邊的工作做好，不要拖延。員工喜歡愜意的工作，然而，老闆卻喜歡有效率的員工，所以，如果你不想失去工作，那就儘快改掉拖延的毛病。

美國「時間管理之父」阿蘭・拉金教授在《如何掌控自己的時間和生活》一書中，告訴了我們一個故事：

在大衛斯生日那天，她收到了瑪麗阿姨郵寄來的禮物，她原本想馬上寫封信，可是因為喜歡追求完美，所以不想隨便應付了事，於是她決定把寫信的事情暫擱一邊。兩個星期過去了，她突然想起這件事，於是決定寄一張精美的卡片，可是暫時沒有時間，於是暗暗告訴自己，很快就會有時間寫信。又過了兩週，大衛斯開始生氣、慚愧，簡直不敢再想像瑪麗阿姨會多麼失望。「她肯定會跟家裡的每個人談起這件事，讓他們知道我是一個多麼不懂禮貌的人。」她覺得必須想出一些有說服力的理由，比如說「每次我坐下來想給您寫信的時候，電話鈴就響起來」，或者「這個月是我有生以來最忙的一個月」等等。她希望在瞭解了自己最近的忙碌情況後，瑪麗阿姨能夠原諒她。

　　事情發展到了這個地步，寫感謝信這件小事就變成了一件非常重要卻又極其痛苦的事情。大衛斯的拖延給她帶來了巨大的痛苦。顯然，如果當初她能夠冷靜地考慮一下拖延後果，就會減少很多麻煩。所以，每當你準備拖延某件事情的時候，我建議你不妨停下來，用一兩分鐘好好想一想拖延的後果。畢竟，很多事情並不會因為你的拖延而自動消失。你應該考慮的問題並不是「做不做」，而是「什麼時候做」。既然早晚都要做，為什麼還要讓自己付出更大的代價呢？

　　透過大衛斯的故事，我們知道拖延不僅使我們的工作沒有效率，長期的蔓延還會給我們的生活帶來痛苦，造成嚴重的身心疲憊，那怎樣才能改正這不良習慣呢？

1．要充分認識到其危害，不要將它看作一種無所謂的習慣。

2．妥善地安排好該做的事情的先後順序。

3．最好為自己規定一個完成某項具體事情的期限，限期督促自己完成。

4．不要避重就輕。

5．不必為追求十全十美而裹足不前。

　　如果能改掉拖延這一枷鎖，我們將會體驗到更多的快樂，避免許多自找的煩惱，你自己也會變被動為主動了。

可恥的懷才不遇

　　事實上，那些連眼前的工作都做不好的人很難真正地把握機遇。

　　麥克大學畢業後被分發到一家鋼軌廠當設計員，說是設計員其實也只是設計師的助理，每天跑跑腿，打掃一下環境而已。天天做著重複的工作，麥克感覺十分鬱悶。和他同來的蘇珊卻很樂觀，她每天樂呵呵地做著自己經手的每一件事情：擦乾淨辦公室的每一張桌子、整理好主任零亂的辦公桌、燒開水、拖地板、建檔，不時還跟打掃樓層的清潔員聊聊天。每次麥克都是非常鬱悶的去應付這些事情，而蘇珊卻做得輕鬆自如。麥克想我一個堂堂大學生，怎麼可以去做這些沒有文化層次的工作呢？我的專業和才華怎麼可以施展在這些上？他越想越鬱悶，上班的時間越來越晚，並將所有的工作都推給了蘇珊。三個月的試用期滿了，麥克和蘇珊被帶到了傑克上司的辦公室。傑克將兩張問卷遞給他們，要求五分鐘內交卷。麥克一看愣住了：

　　1·廚房有幾個水龍頭？

2‧廁所的馬桶是橢圓形還是菱形？

3‧經常打掃樓梯的清潔員叫什麼名字？

4‧辦公室有多少張桌子？每張桌子的長寬比例是否一致？

5‧誰的辦公桌最亂，你是怎麼幫他整理的？

結果如何，不言而喻。第二天麥克沒有收到公司繼續聘用他的通知，而蘇珊卻受到了主管賞識，不到一年就坐上了辦公室那張又大又亂的辦公桌，成了一名名副其實的年輕設計師。

關於如何把握好眼前，做到真正的關注當下，還有一個故事：

一個窮苦的農夫赤腳走到京城，賺了一大筆錢。他不但能給自己買一雙鞋襪，還足以大醉一番。他醉醺醺地走路回家，卻醉倒在一條大馬路上，沉沉睡去。此時，迎面而來一輛馬車，車夫喝令他躲開，不然就要輾過去。醉漢醒來，看了看自己的腿。因為腳上有了鞋襪，他沒能認出來，於是就對車夫說：「輾過去吧！那不是我的腿。」

故事的結尾可想而知。這個故事雖短，其中卻蘊含著深刻的道理，那就是人在任何時候都應當認清自己。

有的人總是覺得自己的職位低微，工作也很瑣碎，認為自己的事情能否做好並不重要。這種想法也是非常有害的。有一組圖

片，第一張是足球守門員意識中的自己和球門，與高大的球門相比，自己是如此的渺小，彷彿隨時都能被對方後衛攻破。第二張是對方後衛意識中的守門員和球門，高大的守門員幾乎占滿了球門，令人難以突破。對守門員而言，前者就是萎縮的自我，後者就是膨脹的自我，可見在不同的人看來，對自我的感知也是不同的。而在這個過程中，你的每一個動作都關係到球賽的輸贏，請不要小看了自己。

無論你是一顆鋪路的石子，還是一顆金光閃閃的鑽石，你都有你自己的價值，都有你自己的定位。我們不可能把所有的事情都一個人做完，一個人要學會調整自己，要懂得有所拒絕。有些事情是不是值得為它去拼命，如果不值得，那麼就乾脆放棄它，去做其他更重要的事情。萬一遇到自己能力範圍之外的事，那就集思廣益，找別人一起對付它，但千萬不要認不清自己。

分清事情的輕重緩急

　　關注當下，把握當前的一個關鍵就是要分配好手頭的工作，用好時間，做真正重要的事情。今天的工作要做，明天的夢想要有，但是，你也要分清楚輕重緩急。如果一味想著明天中樂透彩，而今天根本不去買彩券，那你打算等到哪年呢？請把自己認為最重要的事情列出來，並把它擺在第一位，養成這樣一個好習慣，你就不會因為一些不重要的事情耽誤了精力和時間。對於成大事者而言，永遠先做最重要的事情，是他們成功的最佳秘訣！

　　我現在問大家，對於你們來說，什麼事情是最重要的？什麼時間是最重要的？什麼人是最重要的？就是現在你做的事情，最重要的人就是現在和你一起做事情的人，最重要的時間就是現在，這種觀點就叫活在當下。

　　按照平常的習慣，人們總是根據事情的緊迫感來安排先做什麼後做什麼，而不是根據事情的重要程度來安排先後順序。其實，這樣的做法是被動地迎合事情，而不是主動地去完成事情。想有所成就的人不應該這樣工作。成大事的人都是以分清主次的辦法來安排時間，把時間用在最急迫且能產生最大效益的地方。

　　那麼面對每天紛繁複雜的事情，我們如何能分清主次，把時間用在最急迫且能產生最大效益的地方呢？這裡有三個判斷標準供你採用：

　　一‧你必須要做的事是什麼

這個標準有兩層意思：

1. 是否必須去做。

2. 是否必須由我來做。

有些非做不可的事情，但並非是一定要你親自做的事情，這樣的事情可以委派別人去做，而自己只負責督促就可以了。

二‧做什麼事能給你最高回報

找出能給你最高回報的事情，然後用80％的時間去做它，而用剩餘的20％的時間做其他事情。

這裡所說的「最高回報」的事情，即是符合「目標要求」的事情或者是自己會比別人做得更好的事情。

三‧能給你最大的滿足感的是什麼

無論你做什麼工作，你都應該把時間分配在令你感到滿足和快樂的事情上。只有這樣，你的工作才會充滿情趣，並能讓你一直保持工作的熱情。

用以上的三把篩子過濾之後，你所要做的事情的輕重緩急就分得很清楚了。然後，你一定要以重要性優先排序（注意：人們往往有不按照重要性順序辦事的傾向），按這個原則一直堅持去做，你將會發現，再也沒有其他辦法比按照重要性辦事更能有效利用時間了。

老麥的電子報

抒解壓力，做好每一分鐘的你自己

我在這裡要討論的是每個人在踏入社會的時候都會遇到的問題。

經常會有很多人抱怨「最近很忙」、「我幾乎沒有時間用來娛樂」，或者是「我已經好多年沒有去過電影院了」。我們可以發現抱怨的人犯的一個最大的毛病就是：他們太強調「自己」的重要性，理所當然地認為「自己」是不可取代的。絕大多數的人都有這種毛病，其實在很多時候，並不是沒有時間，而是不懂得如何管理時間。有些人總是口口聲聲地說「等我有時間的時候」、「等我有空的時候」……結果呢？他可能一輩子也等不到空閒的時間，他可能一輩子都沒有真正地享受到生命。

有句話說：「兵來將擋」。壓力無處不在，生理上、心理上、精神上。外界施加的，自己給自己施加的，怎麼辦，總不能讓它壓倒我們吧！分析一下，壓力的發生就是「要與不要」的問題。在每個人的生活中或心目中都有滿足基本需求與達成願望的想法。如果這些需求的追尋遭受挫折就會產生壓力。這就像佛家所說的：「怨憎會、愛別離。」大多數的人都無法專注於「現在」，他們總是若有所思，心不在焉，想著明天、明年甚至下半

輩子的事，想得越多壓力越大，這個時候我們就要尋求方法，解決壓力，兵來將擋。

如何抒解壓力？首先要自己給自己尋找快樂，在忙碌之餘給自己喘息的機會。快樂的精髓在於做事不走極端、不偏執。儘管每個人都需要工作，但是，如果讓工作淹沒了我們的生活，那麼我們已經犯下了一個無法彌補的錯誤！因為工作的目的不是為了忙碌，而是要享受真正的生活。如果工作不能讓你幸福，你也應該盡力從中體會什麼是生活、什麼是快樂、什麼是鬆弛。

如果你把時間安排得很好，你就可以很從容地去聽音樂會、看電影，做一些自己想做的事等等。

因此，抒解壓力的一個首要原則就是：學會對每一件事的尊重，包括對休閒娛樂的尊重。人們的心情是可以自己創造的，時間也是可以自己掌握的，能把時間管理好的人，永遠不會喊「忙」，因為他知道自己想要的是生命中80%的快樂。

一位作家曾經說過：「當你存心去找快樂的時候，往往找不到，唯有讓自己活在『現在』，全神貫注於周圍的事物，快樂便會不請自來。」如果我們換種心態、換種想法，使我們在面臨壓力的環境中進退自如，這樣的生活會更幸福、更輕鬆。

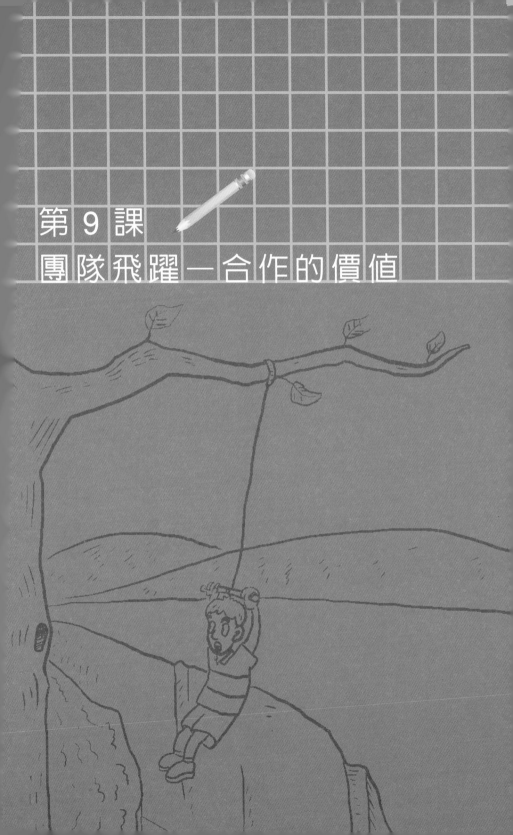

第 9 課
團隊飛躍—合作的價值

活動介紹

目標： 將團隊成員送至對岸

場景： 一條寬約6公尺的山澗，上面半空中橫著一截直徑約半公尺的樹幹，一根長約20公尺的繩子，一根木棍

人數： 20人，分為五組，每組四人

道具： 一根長約10公尺的繩子，一截長30公分，直徑約20公分的繩子

要求： 將所有的人送至對岸，而且只能用到舉辦者提供的工具

時間： 30分鐘

最後一個遊戲

「I promise，這將是我們這次紅杉林之行的最後一個遊戲……」老麥的話還沒說完，立刻被一陣掌聲淹沒了——其中大嗓鼓得最帶勁。

「這最後一場遊戲其實也是最簡單的，但它也需要小組所有成員的參與，你們看……」

只見不遠的地方有一條寬約六公尺的山澗，山澗不深，大約只有七、八公尺，山澗下面是一片水塘，對面是一面平滑的崖壁，在山澗的中間部分，橫搭著一根直徑約為半公尺的紅杉木，杉木上長滿了青苔。

「我們要做的就是把小組的全部成員從山澗這邊送至對岸，而我們所擁有的全部工具，就是一條繩子和一根半公尺長的木棍。」老麥一邊說著，一邊打了個響指，布萊德·彼特從口袋裡掏出了一條長長的繩子和一根木棍。

「好了，第一步先分組，請大家分成四個人一組，然後我們將抽籤決定順序！」

自然地，老鼠妹妹、大嗓、白兔姐姐和我再次分在一組——似乎是大嗓的加入給我們帶來了不幸，我們是第一組，我們要在半個小時內完成這次的任務。

好戲上場了。

「大嗓，你過來，我們先定個方案！」老鼠妹妹也想學老麥的樣子打了個響指，可是卻沒有打響。

「好吧！」大嗓這次出奇地配合。

「嗯，這次我來當總指揮吧！我們首先分配一下任務，」一邊說著，老鼠妹妹一邊瞄了一下我，「大哥，你說說看，剩下的任務該怎麼分配？」老鼠妹妹問道。

「啊？」我愣住了，「總指揮不是妳嗎？」

「我只是想號召大家一起參與嘛！」老鼠妹妹狡猾地笑道。「白兔姐姐妳的意見呢？」

「我覺得應該先分解一下任務……」

「沒錯，」老鼠妹妹叫了起來，「跟我想的一樣，我們要先分解一下任務，在我看來……大嗓，你覺得這個任務應該怎樣分解？」

「來，我們換個位置。」白兔姐姐一邊說著，一邊奪過老鼠妹妹手裡的小木棍。

「怎麼，妳想篡位？」好像是發現確實沒人回應，老鼠妹妹嘀咕了一下便不再出聲了。

「顯然，我們只能用盪鞦韆的方式盪過去，」白兔姐姐一邊用木棍在地上劃著，一邊說道，「派個人把繩子扔到中間那根樹幹上，然後大家就可以坐在上面盪過去了……」

「非也，」大嗓說道，「做個盪鞦韆並沒有那麼容易，而且第一個過去的人很難登陸！」

「大嗓說的對，」我插嘴道，「當你把繩子套住樹幹的時候，你很難保證扔出去的繩子能盪回來，除非……」

「除非怎樣？」老鼠妹妹也湊了上來。

「除非繩子那端有足夠的重量，」我非常享受老鼠妹妹那關切的目光，「只有這樣，當繩子套住樹幹的時候，才會憑著慣性盪回來……」

「跟我想的一樣，」大嗓對四周投射過來的討厭的目光視若無睹，接著說道，「問題是，怎樣才能讓繩子那端有足夠的重量呢？」

我笑了笑，大家順著我的目光望向老鼠妹妹，只見她手裡還攢著那根木棍。

時間不多了，大家一致選派大嗓用力把繩子扔過樹幹，然後由我站在岸邊接住盪過來的木棍——老鼠妹妹和白兔姐姐在後面拉著我，以防我用力過猛，掉下山澗。

接住木棍之後，我接過大嗓手裡的繩子，用力繫在木棍上，很快就做成了一架鞦韆。

世界上最要命的鞦韆

接下來的問題就是先派一個人到對岸登陸了，因為這個任務比較危險，所以只能從男生裡面選派——不是大嗓就是我。

抽籤的結果是我。

願賭服輸，我只好在大嗓的竊笑聲中抓住了木棍，屁股坐到木棍上。

關鍵的時刻到來了，所有的人都摒住了呼吸！

我儘量後退，雙腳站穩，然後用力往前衝，「啊」，在大嗓的配音聲中，我盪到了空中，鞦韆藉著慣性一直衝到了對岸，我瞄準了對面的一根樹枝，忍不住跳了起來，一把抓了上去……

就在抓向樹枝的那一瞬間，我的身體完全懸空腳下——是七公尺深的山澗——大嗓的率領下，所有人同時「啊」了起來。

只見我死命地拉住那根樹枝，雙腳拼命往上踩，崖壁又濕又滑，我絲毫沒有著力點，只能用手往上拉自己的身體。

一番掙扎之後，我終於爬了上去，回頭一看，山澗那邊的大嗓正一隻手抱住盪回去的木棍，一邊嚇得目瞪口呆呢！

「時間不多了！」老麥在旁邊提醒道，他好像對這驚險的一幕早已司空見慣。

「大嗓，別傻傻站著了，」我在這邊叫道，「趕緊讓老鼠妹妹過來！」

大嗓這時才回過神來，用力把老鼠妹妹拖到鞦韆上，「抓緊了啊！」大嗓一邊用力把她推了出去，一邊閉上了眼睛……

終於，在第二十七分鐘的時候，我們這一組的四個人都安全渡過了這條山澗！

獵人和狼的故事

「你們的表現使我想起了一個故事，」等所有人安全渡過山澗之後，老麥跟大家說道。

「很久以前，一位獵人去打獵，路上遇到了一群狼，猛然看到獵物，群狼立刻衝了上來，馬上的獵人急忙開槍射擊，衝在最前面的那隻狼倒了下去，另一隻又衝了上來，一連有好幾隻狼倒下了，但牠們前仆後繼，繼續追趕著牠們的獵物，直到獵人精疲力竭，無力的從馬上掉下來……」

有人說，狼代表了一種精神，牠們的行動就是合作。

合作是一種精神和行為上的交流，囊括在一個集體和團隊當中，是對一件事情或一種思想的集體解決方法，是一種合作學習、工作的手段。它寄生於團隊或集體之上，並隨著集體與團隊的瓦解而完結。它是貫穿人與人、上級與下級、父母與孩子的主線。

社會是由人組成的，反過來，人與人的組合便成了社會。社會也是一個團體。我們生活的地球由二百三十多個國家組成，各國間的往來就是一種合作的表現，他們由原先的人為合作慢慢轉變成自發合作，原因是為了滿足彼此物質與精神上的需要。

大到一個國家，小到一個家庭，都需要合作。

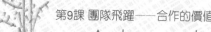
從國家的角度來說，只有人與人之間的互助和合作，才能促成它的發展。以造一架飛機為例，一個人腦子再好，能力再強，卻沒辦法獨自造出一架飛機來。從飛機框架的勾勒，一個一個螺絲板塊的生產，一件一件配件的搭配，這是一個流水的過程，缺了任何一個環節、任何一個人員都不行。這一過程實質上就是一個合作的過程。

每年在美國籃球大賽結束後，常會從各個優勝隊中挑選出最優秀的隊員，組成一支「夢幻隊」赴各地比賽，以製造新一輪高潮，但結果總是令球迷失望勝少敗多。其原因在於他們不是真正的團隊，雖然他們都是最頂尖的籃球選手，但是由於他們平時分屬不同球隊，無法培養團隊合作精神，不能形成有效的力量出擊。由此看來，合作並不是一群人的機械組合。一個真正的團隊應該有一個共同的目標，其成員之間的行為相互依存與相互影響，並且能很好的合作，追求集體的成功。合作代表的是一系列鼓勵成員間傾聽他人意見並且積極回應他人觀點、對他人提供支援並尊重他人興趣和成就的價值觀念。

螞蟻的感動

　　對於生活在地球上的萬物來說，時時刻刻都充滿了壓力。人是一種感性的動物，承受的生理、心理壓力要比動、植物多很多。在我們充滿壓力，危機四伏的狀態下，如果我們自己單槍匹馬去應對，失敗的機率往往很大；如果這時有個人或幾個人來幫助我們的話，我們不但會絕處逢生，更能化險爲夷，取得意想不到的成功。所以任何時候我們都要堅信：魔高一尺，道高一丈，用團體的力量來克服外界的壓力。

　　在南美洲的草原上，山坡上的草叢突然起火。無數螞蟻被熊熊大火燒得節節後退，火的包圍圈越來越小，漸漸螞蟻似乎無路

可逃。然而，就在這時出人意料的事發生了：螞蟻們迅速聚攏起來，緊緊地抱成一團，很快就滾成一個黑壓壓的大蟻球，蟻球滾動著衝向火海。儘管蟻球很快就被燒成了火球，在劈劈啪啪的響聲中，一些居於火球周邊的螞蟻被燒死了，但更多的螞蟻卻絕處逢生。

這則故事說明了一個道理：掣肘，易事難為；攜手處，難事可成。螞蟻的這一抱，是命運的抗爭，力量的凝聚，是以團結合作的手段，為共度難關，獲求新生所做出的必要努力。無此一抱，螞蟻們必將葬身於火海；精誠團結則使牠們的群體得以延續。

有趣的鸚鵡實驗

有一項調查顯示，把三隻野鸚鵡分成兩組關在兩個籠子裡，然後在籠子上面蓋上黑布，兩天後打開黑布，第一個籠子裡的鸚鵡已經死了，牠的頭上到處是血跡，很明顯是碰撞而死。第二個籠子裡的兩隻鸚鵡卻安然無恙。這顯示，動物之間也需要交流和鼓勵的。人是萬物之靈，更希望用他們的言語、動作、表情與別人交流。透過交流給自己的身心帶來愉悅，進而增長壽命。因為交流不僅能給他們帶來樂趣和知識，還能證明自己是社會的一份

子。

　　上帝創造了人類，並讓他們結成夫妻，繁衍生息。但隨著人類的增多，上帝開始擔憂，祂怕人類的不團結會造成世界大亂，進而影響了他們穩定的生活。為了測試人類之間是否具備團結合作、互相扶持的意識，上帝做了一個試驗：祂把人類分為兩批，在每批人的面前都放了一大堆可口美味的食物，但是，卻給每個人發了一雙細長的筷子，要求他們在規定的時間內，把桌上的食物全部吃完，並不許有任何的浪費。

　　比賽開始了，第一批人各自為政，只顧拼命的用筷子夾取食物往嘴裡送，但因筷子太長，總是無法夠到自己的嘴，而且因為你爭我奪，造成了食物極大的浪費，上帝看到，搖了搖頭，為此感到失望。

　　輪到第二批人類了，他們一開始並沒有急著用筷子往自己的嘴裡送食物，而是大家圍坐成了一個圓圈，先用自己的筷子夾取食物送到坐在自己對面人的嘴裡，然後，由坐在對面的人用筷子夾取食物送到自己的嘴裡，就這樣，每個人都在規定時間內吃到了整桌的食物，並絲毫沒有造成浪費。第二批人不僅僅享受了美味，還獲得了更多彼此的信任和好感。他們有說有笑，過得非常開心。

　　合作是團體之間的相互合作和扶持，而不是各自為政。我們合作的目的是透過彼此的交流和瞭解，使我們的工作更加完美，也給自己的生活帶來樂趣。

羅馬軍官的沙漠歷險

三十年前，我參加了「名人對對碰」的一個活動，參加的都是來自世界各地的名人，他們當中有拍過無數膾炙人口影片的導演，有寫過無數好作品的作家，有律師，有軍官，有科學家，也有哲學家。晚上大家圍坐在一堆碩大的營火旁，聆聽這些名人的故事。詹姆斯軍官來自羅馬，他年已古稀卻依舊神采奕奕。他告訴我們他的一段親身經歷，至今仍讓我記憶猶新。

那是一個可怕的夢，在我年輕的生命中留下的陰影至今仍清晰可見。

1932年，我駕駛的GD56號飛機在經地蒙古沙漠時，遭遇了一場空前絕後的沙塵暴的襲擊，當時機艙裡包括我在內一共有30個人。巨大的風力和搖搖欲墜的機身給乘客帶來了前所未有的恐懼和驚嚇。我身為這架飛機的駕駛員，心中的恐慌和緊張可想而知。我大聲地告訴我的助手讓這些不同職業的人們保持鎮定，牢牢地抓住他們的椅子不要放手。

這時風力越來越大，前面除了一片荒沙什麼也看不見，擋風玻璃在巨大的風力衝擊下已破碎不堪，我的眼睛灌滿了黃沙。抱著拼一拼的念頭，我將飛機轉頭向地面撲去。我們的飛機墜落在沙漠裡，看著漫漫黃沙和殘敗的機體，以及沒有任何信號的傳呼

機，大家開始絕望。我讓我的助手查看飛機上的食物和水，嚴峻的現實擺在我們三十個人的面前——機上的水和食物只能讓我們維持幾天。

三個絕望的女士開始哭喊起來，其他的人也都面容憂鬱。有人開始大聲地問我有沒有把握讓飛機重新起飛。我根本沒有把握，我沈默著看著那些焦急的臉。「該死的，你還不如讓飛機衝上山崖總比在這兒等死要好。」有人開始向我咆哮，大家一陣騷亂，有些人甚至開始搶那些食物和水。

「先生、女士們請安靜一下，現在不是互相抱怨和絕望的時候，只要我們還活著，只要還有水和食物，我們就一定有辦法用智慧戰勝眼前的困難。與其把精力花在憤怒上，還不如啟動大家的智慧，想想怎樣讓我們擺脫困境。」

布朗先生是我們當中年齡最長的一個，他在加拿大擁有四家農場。我們在他的建議下開始分工。三個女士把那些食物類、分量。在她們的安排下，我們的食物至少可以維持16天，水可以維持21天。其中三個健壯的小伙子帶著一些食物去尋找水源和出口，他們也知道此去希望渺茫，但幾個血氣方剛的小伙子說：「與其大家一起等死，還不如出去碰碰運氣。」

其餘的人找出飛機上能找到的工具，開始計畫修理那一堆破損不堪的龐然大物。

馬克是一家造船公司的工程師，帶著少的可憐的飛機維修知識，我和他開始全權負責機身大檢查。

當我們抹黑著臉從沙粒和機身間的空隙中爬出來後，十幾雙眼睛目不轉睛地盯著我們。

當馬特顫抖著雙唇告訴大家，發動機還完好無損時，幾個人衝上來把我們拋得很高很高。我們開始了飛機的維修工作。沙漠的天氣變幻無常，白天攝氏50度的高溫使我們無法工作，晚上卻又冷風凜冽，在這種惡劣的環境下，我們的工作只能斷斷續續。

　　每個人都沒有把握能握得救，但他們不再像剛到沙漠時那樣暴躁絕望，而是哼著歌快樂地工作著。女士爲男士們準備食物和水，男士們在第一線上奮戰。曾經大家都很陌生，但現在就像一家人一樣，互相關愛著。他們還開玩笑說等以後出去了，大家合夥開個大工廠，自己當老闆也當員工。其中愛麗絲（一家律師事務所的律師）和馬克竟然還擦出了火花，一個狂風巨作的夜晚，馬克抱著發抖的愛麗絲說：「感謝上帝讓我在人生的劫難中還能與妳相識」。

　　十天後，我們的試飛還是失敗了，當剛剛離開地面不到一公尺的機身重重的重新插進沙土裡後，那些等待的臉全都痛苦而絕望得埋進了沙粒中。有些人在胸前畫著十字開始祈禱。但是上帝沒有讓我們走上絕路，就在所有人不知所措時，我們聽到了駝鈴聲……三個健碩的小伙子歷經艱辛且非常幸運地遇到了一群去邊關做生意的中國駝隊，我們在他們的幫助下終於離開了這個該死的卻讓我們深思的地方。

　　「你們這些人現在還聯繫嗎？」有人問他。

　　「聯繫？」他說。「回來後我們相互擁抱，交換了彼此的聯絡方式，我們稱這次歷險爲『生死與共』。」

　　假如當時大家你爭我奪，自顧自的拿著食物去尋找出口；或者去尋找水源的人跟著駝隊走了，不再回來；或者大家自暴自棄，誰也不去工作，我相信，他們當中沒有一個人會生還的。因

為團結使他們有了動力，等待尋找出路的人回來讓他們有了希望；工作使他們忘卻了處境。所以最終才能化險為夷。拋開其他不說，僅從這幾點不難看出，團隊的力量是強大的，團隊中彼此間的信任和鼓勵是團隊力量的準繩，如果沒有這個自發組成的強而有力的團隊，今天這個故事可能也不會流傳。

建立團隊的四項秘訣

剛才你們每個小組本質上就是一個團隊，而團隊裡的每個人都可以從這個團隊裡得到必要的支援。遊戲如此，人生也是如此。

在生活中每個人都需要一個有力的支援系統，在工作中我們則需要學會建立團隊，在返回露營地的路上，我想跟大家討論一下建立團隊的問題，根據我的經驗，很多同學都希望在畢業一兩年之後會成為自己所在部門的經理，或者是團隊的領導者，而我在這裡所講述的團隊故事已經成為很多人打造團隊的核心秘訣。

秘訣一：領導力因素

高效的團隊是促成大事的關鍵，對於同學們來說，大家共同學習的這個環境、玩遊戲時分成的小組，以及以後服務的公司，都可以稱之為團隊。在一個好的團隊中，領導者在團隊中發揮著

統籌規劃的作用（能在遊戲或學習中起到統籌作用的都可稱之爲領導）。他在工作中扮演的是領軍人物的角色，只有領導者帶好了頭，整個集體或團體才不會是一盤散沙，遇到問題時大家也不會手足無措，效率大跌。

身爲領導者應具備哪些能力呢？首先，他要有一定的執行力。執行力是執行並實現企業既定戰略目標的能力，每一個企業都會有戰略目標，無論是否明確、合理或者宏大，同樣地每一個目標都會有最終的結果。領導者與企業必須共同面對的事實是：結果往往與目標之間有很大的差距。所以領導者必須先確定企業的方向目標是否明確、方案本身是否完善、戰略規劃是否有問題等，在明確了整個企業走向的同時，要明確團體人員的狀況、能力，統籌規劃，分工合作。

一般來說，團體規章制度都是由領導者制定，領導者是這一制度的啓動者，就要以身作則，在約束自己團體內部人員的同時也要約束自己，進而以理服人。在發揮了自身優勢的同時，給團隊人員一種平等的感覺。這樣可以使人在不知不覺中產生信任感，信任是團體能否持久，及領導者是否得到擁護的關鍵。人們通常只信任值得信任的人並願意在共同目標下共同進退。

領導者還要有指引團隊前進方向的能力。此方向確保各種利益相關人的需求，體現企業的使命和價值觀，並和企業遠景和策略相連。探索航向的精髓在於它激勵鬥志，鼓舞人心，讓每個人朝著共同的方向和目標努力。

如果說探索航向是「找路」，那麼整合體系就是「鋪路」。身為領導者，你必須能看清企業的整個「生態系統」，清晰地知道目前所建立的流程、結構和體系是否能支援更順暢地產出結果。

　　身為領導者，你是否創造了一個能發揮人的創造力、天資、能力和潛能的環境，使人們朝著既定的方向前進。沒有合適的環境，就不能期待人有最佳的發揮，做出最大的貢獻。同時領導者也不能忽視團隊中任何一個人員的作用，要適時地安排和管理，並定時給與他們鼓勵和建議。

　　在狼的群體中有很多威猛、高大、聰明的狼，同時也不乏瘦弱、矮小、多病的狼，但牠們並沒有被群狼拋棄，而是在團隊中發揮著自己的優勢。我們在打造成功的團隊時，要意識到個人有優點也有缺點，因為尊重人和人之間的差異是和諧的體現。要知道最優秀的團隊並不是最優秀的員工組成的，而是由各個成員團結合作，揚長避短來組建的。

秘訣二：建立團隊成員間的信任網

　　除了要成為一名好的領導者之外，團隊合作的另外一個關鍵就是要建立人員間的信任網。

　　在一個團體內，每個成員之間的關係就好像是個大家庭，成員中的兄弟姐妹，應該和和氣氣，團結一致。若發生什麼不愉快的事，大家應開誠佈公地解決，不應將他人視為「敵人」，想盡

辦法敵視他。因為大家都為同一個團體服務，一旦某個企業潰不成軍時，其他企業也將深受其害。團隊沒有默契，不能發揮團隊績效，而團隊沒有交流溝通，也不可能達成共識。身為領導者，要善用任何溝通的機會，甚至創造出更多的溝通途徑，與成員充分交流。唯有領導者從自身做起，秉持對話的精神，有方法、有層次地激發團隊成員發表意見與討論，彙集經驗與知識，才能凝聚團隊共識，並最終發揮團隊的效力。

秘訣三：克服團隊中的利己主義思想

生活在海邊的人常常會看到一種有趣的現象：幾隻螃蟹從海裡游到岸邊，其中一隻也許是想到岸上體驗一下水族以外世界的生活滋味，只見牠努力地往堤岸上爬，可是無論牠怎樣執著、堅毅，卻始終爬不到岸上去。這倒不是因為這隻螃蟹不會選擇路線，也不是因為牠動作笨拙，而是牠的同伴們不容許牠爬上去。你看每當那隻螃蟹企圖爬離水面，就要爬上堤岸的時候，別的螃蟹就會爭相拖住牠的後腿，把牠重新拖回到海裡。人們也偶爾會看到一些爬上岸的海螃蟹，但不用說，牠們一定是單獨行動才上來的。

螃蟹的「扯後腿」多麼像人類中某些人的做法，由嫉妒心、「眼紅病」和一己之私作祟，他們懼怕競爭，甚至憎恨競爭。一旦看到別人比自己強，就扯後腿、唱反調，千方百計竭盡排擠之能事。其宗旨不外乎一條：我不行，你也不行；我得不到，你也別想得到。於是，有多少發明創造的才智，就這樣在無聲中被內

耗掉；有多少賢能就這樣被埋沒在默默無聞之境；有多少「千里馬」就這樣死於馬槽櫪之間。

一個優秀的團隊，把各種人才聚集在一起。大家會在工作中對別人進行瞭解，在溝通中能發現別人的許多優點。這時，聰明的員工總能發現自己的不足和別人的長處，截長補短，虛心向周圍的人學習。同時，大家也會爲了共同的目標而改變自己以前不好的工作習慣，使自己變得更加優秀。

秘訣四：自覺與合作

中國人常說，一個和尚挑水喝，兩個和尚抬水喝，三個和尚沒水喝。本來人多力量大，應該更容易喝到水，但是人多了反而沒水喝了，原因在於人的依賴性。無論是多麼認眞努力的員工，他都有惰性，這種惰性會隨著時間的增長和自己共事的人的增多而滋長。它們之間會形成一種依賴性，反正我不做你會做，與其兩人做還不如你一個人完成。這是一個很危險的信號，在團隊中你必須克服這種思維，要不然吃虧的不僅是團隊，時間久了你也會被這個團隊淘汰。那麼，怎麼讓三個和尚也有水喝呢？團隊的自覺性和合作精神是關鍵。

挑水的路途很遠，一個人從頭到尾挑，自然容易疲勞，那就分工合作吧！來個接力挑水，即每個人挑一段路。第一個和尚從河邊挑到半路，停下來休息。第二個和尚繼續挑，然後又傳給第三個和尚，第三個和尚挑到缸邊灌進去，空桶回來再接著傳。這

樣大家都不停地挑且間隔著休息，又有水喝。

　　成功的團隊彼此融洽交流，而且知道發生衝突和矛盾時該如何處理，工作中能互相支援，並且能夠互相鼓勵，以最佳狀態奉獻全隊。把自己內心的想法告訴大家，是團隊溝通的基本要素。誠懇的批評有助於個人和全隊技能的提升。團隊成員大家對於團隊中出現的問題要善於省思，特別要學會寬容，遇到摩擦多從自身找原因，即使真的是對方的過錯，也要學會換位思考，體現出容人的雅量。只有這樣才能打造出一支高效有力的團隊。團隊中的每個成員也才能從其他團隊成員的貢獻中獲益。

老麥的最後一封電子報

紅杉林帶給我們的記憶

親愛的同學們：

三十多年前，我也和你們一樣，即將從學校畢業，對未來的生活充滿嚮往，雄心勃勃地想為自己的人生開創一片新的天空。

幸運的是，經過三十多年的努力，我實現了自己的大部分理想。

我把其中的絕大部分功勞歸結於我在紅杉林中所上的那最後一課──相信這是你們在真正的教室裡根本學不到的。

如果不是三十多年前我的老師帶我進入這片紅杉林，我很難想到會用它當為教室，來為我的學生們教授他們在大學裡的最後一課。

兩天的時間裡，我們一共玩了九個遊戲，相信大家在許多年之後還會記得這些遊戲，記得我們在這兩天時間裡所經歷的歡樂與驚險，記得太平洋岸邊的海風，記得夕陽西下時的美景，記得那晚的營火，記得那最令人捧腹的比賽，記得自己曾從40公尺的高空飛奔而下，記得自己在10公尺的高空搭建了一架世界上最驚險的鞦韆……

　　除了帶給我們刺激與快樂之外，這些遊戲還給了我們許多有益的啟示，教會我們合作、分享、勇氣、行動，告訴我們果斷的力量，啟發我們目標的重要性……

　　這兩天的時間裡我們得到了很多，對於每一個有心的參與者來說，相信大家在這兩天裡學到的東西足以受益終生！

　　事實上，除了我們在這九項遊戲當中所得到的諸多啟示之外，能夠幫助你在未來的道路上取得成績的，還有一個最重要的因素：堅持！

　　如果你從這兩天當中得到的只是一時的領悟，那很可惜，你只是浪費了兩天時間。真正重要的是堅持，堅持把這些智慧應用到你今後的工作和生活當中，並把它們培養成你的習慣，只有這樣，你才能真正度過一段有意義的人生——我就是最好的例證。

　　要畢業了，你們即將進入人生的戰場，這片紅杉林給了你們最強大的武器，好好利用它吧！

　　祝你順利！

你的朋友　老麥

國家圖書館出版品預行編目資料

紅杉林的最後一堂課／朱宏斌・吳樂天編著.
第一版 －－臺北市：知青頻道出版；
　　　紅螞蟻圖書發行，2007〔民96〕
　　　面　　公分，
　　ISBN 978-957-6905-68-1 (平裝)

1.自我實現 2.生活指導
177.2　　　　　　　　　　96015318

紅杉林的最後一堂課

編　　著／朱宏斌・吳樂天
發 行 人／賴秀珍
榮譽總監／張錦基
總 編 輯／何南輝
特約編輯／林芊玲
美術編輯／魏淑萍
出　　版／知青頻道出版有限公司
發　　行／紅螞蟻圖書有限公司
地　　址／台北市內湖區舊宗路二段121巷28號4F
網　　站／www.e.redant.com
郵撥帳號／1604621-1　紅螞蟻圖書有限公司
電　　話／(02)2795-3656（代表號）
傳　　眞／(02)2795-4100
登 記 證／局版北市業字第1446號
港澳總經銷／和平圖書有限公司
地　　址／香港柴灣嘉業街12號百樂門大廈17F
電　　話／(852)2804-6687
新馬總經銷／諾文化事業私人有限公司
新加坡／ TEL:(65)6462-6141　FAX:(65)6469-4043
馬來西亞／ TEL:(603)9179-6333　FAX:(603)9179-6060
法律顧問／許晏賓律師
印 刷 廠／鴻運彩色印刷有限公司
出版日期／2007年9月　第一版第一刷

定價 250 元　港幣 83 元
ISBN 978-986-6905-68-1　　　　Printed in Taiwan